孔子世家第十七　史記四十七

索隱曰教化之主吾之師也爲帝王之儀表示人倫之準的自子思以下代有哲人繼世象賢誠可仰同列國前史既定吾無間然又孔子非有諸侯之位而亦稱系家者以是聖人爲教化之主又代有賢哲故亦稱系家焉。正義曰孔子無侯伯之位而稱世家者太史公以孔子布衣傳十餘世學者宗之自天子王侯中國言六藝者宗於夫子可謂至聖故爲世家

孔子生魯昌平鄉陬邑

徐廣曰陬音騶孔安國曰陬孔子父叔梁紇所治邑。索隱曰陬是邑名昌平鄉號孔子居魯之鄹邑昌平鄉之闕里也。正義曰括地志云故鄹城在兗州泗水縣東南六十里昌平山在泗水縣南六十里孔子生昌平鄉蓋鄉取山爲名故闕里在泗水縣南五十里輿地志云鄹城西界闕里有尼丘山按今尼丘山在兗州鄹城闕里即此也括地志云兗州曲阜縣魯城西南三里有闕里中有孔子宅宅中有廟伍緝之從征記云闕里背邾面泗即此也按夫子生在鄹長徙曲阜仍號闕里

其先宋人也曰孔防叔

索隱曰家語孔子宋微子之後宋襄公生弗父何以讓弟厲公弗父何生宋父周周生世子勝勝生正考父考父生孔父嘉五世親盡別爲公族姓孔氏孔父生子木金父金父生睪夷睪夷生防叔畏華氏之逼而奔魯故孔氏爲魯人

防叔生伯夏伯夏生叔梁紇

正義曰括地志云叔梁紇廟亦名尼丘山祠在兗州泗水縣五十里尼丘山東趾地里志云魯縣有尼丘山有叔梁紇廟

紇與顏氏女野合而生孔子

索隱曰家語云梁紇娶魯之施氏生九女其妾生孟皮孟皮病足乃求婚於顏氏徵在從父命爲婚其文甚明今此云野合者蓋謂梁紇老而徵在少非當壯室初笄之禮故云野合謂不合禮儀故論語云野哉由也又先進於禮樂野人也皆言野者是不合禮耳。正義曰男八月生齒八歲毀齒二八十六陽道通八八六十四陽道絕女七月生齒七歲毀齒二七十四陰道通七七四十九陰道絕婚姻過此者皆爲野合故家語云梁紇娶魯施氏女生九女乃求婚爲顏氏顏氏有三女小女徵在據此婚過六十四明

禱於尼丘得孔子魯襄公二十二年而孔子生

索隱曰公羊傳襄公二十一年十有一月庚子孔子

生今以爲二十二年蓋以周正十一月屬明年故誤也後序孔子卒云七十二歲每少一歲也生而首上圩頂索隱曰圩音烏頂音鼎圩頂言頂上窳也故孔子頂如反宇反宇者若屋宇之反中低而四傍高也○正義曰括地志云女陵山在曲阜縣南二十八里干寶三日紀云徵在生孔子空桑之地今名空竇在魯南山之空竇中無水當祭時灑掃以告輙有清泉自石門出足以周用祭訖泉枯今俗名女陵山故因名曰丘云字仲尼姓孔氏丘生而叔梁紇死索隱曰家語云生三歲而梁紇死葬於防山正義曰括地志云防山在兖州曲阜縣東二十五里禮記云孔子母合葬於防也防山在魯東由是孔子疑其父墓處母諱之也索隱曰謂孔子少孤不的知父墳處非謂不知其塋地徵在笄年適於梁紇無幾而老死是少寡蓋以爲嫌不從送葬故不知墳處遂不告耳非諱之也孔子爲兒嬉戲常陳俎豆正義曰俎豆以木爲之受四升高尺二寸大夫以上赤雲氣諸侯加象飾足天子玉飾也設禮容孔子母死乃殯

五父之衢正義曰括地志云五父衢在兖州曲阜縣西南二里魯城內衢道也蓋其慎也徐廣曰魯縣有闕里孔子所居也又有五父之衢也○索隱曰謂孔子不知父墓乃且殯其母於五父之衢是其謹慎也○正義曰慎謂以紼引棺就殯所也郰人正義曰上音鄒輓父之母誨孔子父墓然後往合葬於防焉孔子要絰季氏饗士孔子與往正義曰與音預季氏爲饌飲魯文學之士孔子與迎而往陽虎以孔子少故折之也陽虎絀曰季氏饗士非敢饗子也索隱曰家語孔子之母喪既練而見不非之也今此謂孔子實要絰與饗爲陽虎所絀亦近誣矣一作要絰要絰猶帶絰也故劉氏云嗜學之意是也孔子由是退孔子年十七魯大夫孟釐子病且死索隱曰昭七年左傳云孟僖子病不能相禮乃講學之及其將死召大夫云云按謂病者不能禮爲病非疾困之謂也至二十四年僖子卒賈逵云仲尼時年三十五矣是此文誤也誡其嗣懿子曰孔丘聖

人之後（服虔曰聖人謂商湯）滅於宋（杜預曰孔子六世祖孔父嘉爲宋華督所殺其子奔魯也）其祖弗父何始有宋而嗣讓厲公（杜預曰弗父何孔父嘉之高祖宋愍公之長子厲公之兄也何嫡嗣當立以讓厲公也）及正考父佐戴武宣公（服虔曰正考父弗父何之曾孫）三命茲益恭故鼎銘云（杜預曰三命上卿也考父廟之鼎）一命而僂再命而傴三命而俯（服虔曰僂傴俯皆恭敬之貌也）循牆而走（杜預曰言不敢安行）亦莫敢余侮（杜預曰其恭如是人亦不敢侮慢）饘於是粥於是以餬余口（杜預曰於是鼎中爲饘粥饘粥餬屬言至儉也）其恭如是吾聞聖人之後雖不當世必有達者（王肅曰謂若弗父何殷湯之後而不繼世爲宋君也杜預曰聖人之後有明德而不當大位謂正考父）今孔丘年少好禮其達者歟吾即沒若必師之及釐子

卒懿子與魯人南宮敬叔往學禮焉（索隱曰左傳及系本敬叔與懿子皆孟僖子之子不應更言魯人亦太史公之疎耳）是歲季武子卒平子代立孔子貧且賤及長嘗爲季氏史（索隱曰有本作委吏按趙岐曰委吏主委積倉庫之吏）料量平嘗爲司職吏而畜蕃息由是爲司空已而去魯斥乎齊逐乎宋衛困於陳蔡之間於是反魯孔子長九尺有六寸人皆謂之長人而異之魯復善待由是反魯魯南宮敬叔言魯君曰請與孔子適周（索隱曰莊子云孔子年五十一南見老聃蓋系家亦依此爲說而不究其旨遂俱誤也何者孔子適周豈訪禮之時即在十七耶且孔子見老聃云甚矣道之難行也此非十七之人語也乃既仕之後言耳）魯君與之一乘車兩馬一豎子俱

適周問禮蓋見老子云辭去而老子送之曰吾聞富貴者送人以財索隱曰莊周財作軒仁人者送人以言吾不能富貴竊仁人之號王肅曰謙言竊仁者之名送子以言曰聰明深察而近於死者好議人者也博辯廣大危其身者發人之惡者也為人子者毋以有己王肅曰身父母之有○索隱曰家語作無以有己為人子者為人臣者毋以有己索隱曰家語作無以惡己為人臣者王肅云言聽則仕不用則去保身全行臣之節也孔子自周反于魯弟子稍益進焉是時也晉平公淫六卿擅權東伐諸侯楚靈王兵彊陵轢中國齊大而近於魯魯小弱附於楚則晉怒附於晉則楚來伐

不備於齊齊師侵魯魯昭公之二十年而孔子蓋年三十矣齊景公與晏嬰來適魯景公問孔子曰昔秦穆公國小處辟其霸何也對曰秦國雖小其志大處雖辟行中正身舉五羖正義曰百里奚也爵之大夫起纍紲之中索隱曰家語無此一句孟子以為不然之言也與語三日授之以政以此取之雖王可也其霸小矣景公說孔子年三十五而季平子與郈昭伯以鬬雞故正義曰郈音后括地志云鬬雞臺二所相去十五步在兗州曲阜縣東南三里魯城中左傳昭二十五年季氏與郈昭伯鬬雞季氏芥雞翼郈氏為金距之處得罪魯昭公昭公率師擊平子平子與孟氏叔孫氏三家共攻昭公昭

公師敗奔於齊齊處昭公乾侯正義曰相州城安縣東南三十里斥丘故城本春秋時乾侯之邑其後頃之魯亂孔子適齊為高昭子家臣欲以通乎景公與齊太師語樂聞韶音學之三月不知肉味周氏曰孔子在齊聞習韶樂之盛美故忘於肉味也○索隱曰按論語子語魯太師樂非齊太師也又子在齊聞韶三月不知肉味無學之文今此合論語齊魯兩文而為此言恐失事實齊人稱之景公問政孔子孔子曰君君臣臣父父子子孔安國曰當此之時陳恒制齊君不君臣不臣故以此對也景公曰善哉信如君不君臣不臣父不父子不子雖有粟吾豈得而食諸孔安國曰言將危也陳氏果滅齊他日又復問政於孔子孔子曰政在節財景公說將欲以尼谿田封孔

子索隱曰此說出晏子及墨子其文微異晏嬰進曰夫儒者滑稽而不可軌法倨傲自順不可以為下崇喪遂哀破產厚葬不可以為俗游說乞貸不可以為國自大賢之息周室既衰禮樂缺有間索隱曰息者生也言上古大賢生則有禮樂至周室微而始缺有間也今孔子盛容飾繁登降之禮趨詳之節累世不能殫其學當年不能究其禮君欲用之以移齊俗非所以先細民也後景公敬見孔子不問其禮異日景公止孔子曰奉子以季氏吾不能以季孟之間待之孔安國曰魯三卿季氏為正卿最貴孟氏為下卿不用事言待之以二者之間也○索隱曰劉氏奉音扶用反非也今奉音如字謂奉待孔子如魯季氏之職故下文云

以季孟之間待之也齊大夫欲害孔子孔子聞之景公曰吾
老矣弗能用也孔子遂行反乎魯孔子年四十
二魯昭公卒於乾侯定公立定公立五年夏季
平子卒桓子嗣立季桓子穿井得土缶中若羊
韋昭曰羊生羊也故謂之怪也。索隱曰家語云桓子穿井於費得物如土缶其中有羊焉是也問仲尼
云得狗韋昭曰獲羊而言狗者以孔子博物測之仲尼曰以丘所聞羊也
丘聞之木石之怪夔罔閬韋昭曰木石謂山也或云夔一足越人謂之山繅也
或言獨足魍魎山精好學人聲而迷惑人也。索隱曰夔音逵閬音兩家語作魍魎繅音騷然山繅獨一足是山神名故
謂之夔夔一足獸狀如人也水之怪龍罔象韋昭曰龍神獸也非常見故曰怪或云罔象食
人一名沐腫。索隱曰沐腫音木踵土之怪墳羊唐固曰墳羊雌雄未成者也吳伐越

隳會稽王肅曰隳毀也。索隱曰會稽山名越之所都隳猶毀也吳伐越在魯哀元年得骨節
專車韋昭曰骨一節其長專車專擅也吳使使問仲尼骨何者最
大仲尼曰禹致羣神於會稽山韋昭曰羣神謂主山川之君爲羣神
之主故謂之神也防風氏後至禹殺而戮之韋昭曰防風氏違命後至故禹殺之
陳尸爲戮其節專車此爲大矣吳客曰誰爲神仲尼曰
山川之神足以綱紀天下其守爲神王肅曰守山川之祀者爲
神謂諸侯也韋昭曰足以綱紀天下謂名山大川能興雲致雨以利天下也社稷爲公侯王肅曰但
守社稷無山川之祀者直爲公侯而已皆屬於王者客曰防風何守仲
尼曰汪罔氏之君守封禺之山韋昭曰封封山禺禺山在吳郡永安縣騆
案晉太康元年改永安爲武康縣今屬吳興郡爲釐姓索隱曰釐音僖家語云姓漆蓋誤系本無漆姓在

虞夏商爲汪罔於周爲長翟今謂之大人王肅曰周之初及當孔子之時其名異也客曰人長幾何仲尼曰僬僥氏三尺短之至也韋昭曰僬僥西南蠻之別名也案括地志在大秦國北也長者不過十之數之極也王肅曰十之謂三丈也數極於此也於是吳客曰善哉聖人

桓子嬖臣曰仲梁懷與陽虎有隙陽虎欲逐懷公山不狃止之孔安國曰不狃爲季氏宰。索隱曰狃音女九反鄒氏云一作蹂論語作弗擾其秋懷益驕陽虎執懷桓子怒陽虎因囚桓子與盟而醳之正義曰醳音釋陽虎由此益輕季氏季氏亦僭於公室陪臣執國政是以魯自大夫以下皆僭離於正道故孔子不仕退而脩詩書禮樂弟子

彌衆至自遠方莫不受業焉定公八年公山不狃不得意於季氏因陽虎爲亂欲廢三桓之適正義曰適音嫡更立其庶孽陽虎素所善者遂執季桓子桓子詐之得脫定公九年陽虎不勝奔于齊是時孔子年五十公山不狃以費畔季氏使人召孔子孔子循道彌久溫溫無所試莫能已用曰蓋周文武起豐鎬而王索隱曰按家語及孔氏之書並無此言故桓譚亦以爲誣也今費雖小儻庶幾乎欲往子路不說止孔子孔子曰夫召我者豈徒哉如用我其爲東周乎何晏曰興周道於東方故曰東周也然亦卒不行其後定公以孔子爲

中都宰一年四方皆則之 索隱曰家語作西方王肅云魯國近東故西方諸侯皆取法則焉 由中都宰爲司空由司空爲大司寇定公十年春及齊平 索隱曰及與也平成也謂與齊和好故云平 夏齊大夫黎鉏言於景公曰魯用孔丘其勢危齊乃使使告魯爲好會會於夾谷 徐廣曰司馬彪云今在祝其縣也 魯定公且以乘車好往孔子攝相事曰臣聞有文事者必有武備有武事者必有文備古者諸侯出疆必具官以從請具左右司馬定公曰諾具左右司馬會齊侯夾谷爲壇位土階三等以會遇之禮相見 王肅曰會遇之禮禮之簡略也 揖讓而登獻酬之禮畢齊有司趨而進曰請奏四方之樂景公曰諾於是旍旄羽祓矛戟劍撥鼓噪而至 索隱曰家語作萊人以兵鼓噪劫定公祓音弗謂舞者所執故周禮謂有祓舞撥音伐撥謂大楯也 孔子趨而進歷階而登 索隱曰歷階謂歷階級也故王肅云歷階登階不聚足 不盡一等舉袂而言曰吾兩君爲好會夷狄之樂何爲於此請命有司有司却之不去則左右視晏子與景公景公心怍麾而去之有頃齊有司趨而進曰請奏宮中之樂景公曰諾優倡侏儒爲戲而前孔子趨而進歷階而登不盡一等曰匹夫而營惑諸侯者罪當誅 索隱曰營惑謂經營而惑亂也家語作熒侮 請命有司有司加法焉手足

畏處景公懼而動知義不若歸而大恐告其羣
臣曰魯以君子之道輔其君而子獨以夷狄之
道教寡人使得罪於魯君爲之奈何有司進對
曰君子有過則謝以質小人有過則謝以文君
若悼之則謝以實於是齊侯乃歸所侵魯之鄆
汶陽龜陰之田正義曰鄆今鄆州鄆城縣在兗州龔丘縣東北五十四里故謝城在龔丘縣東
七十里齊歸侵魯龜陰之田以謝魯魯築城於此以旌孔子之功因名謝城以謝過服虔曰三田汶陽田
也龜山名陰之田得其田不得其山也杜預曰太山博縣北有龜山。索隱曰左傳鄆讙及龜陰之田則三田皆在汶陽
也定公十三年夏孔子言於定公曰臣無藏甲
大夫毋百雉之城王肅曰高丈長丈曰堵三堵曰雉使仲由爲季

氏宰將墮三都服虔曰三都三家之邑也於是叔孫氏先墮郈
杜預曰東平無鹽縣東南郈鄉亭。正義曰括地志云郈亭在鄆州宿城縣東三十二里季氏將墮
費公山不狃叔孫輒率費人襲魯公與三子入
于季氏之宮服虔曰三子季孫孟孫叔孫也登武子之臺費人攻之
弗克入及公側服虔曰人有入及公之臺側孔子命申句須樂
頎下伐之服虔曰申句須樂頎魯大夫費人北國人追之敗諸姑
蔑杜預曰魯國卞縣南有姑蔑城。正義曰括地志云姑蔑故城在兗州泗水縣東四十五里按泗水縣本漢卞縣地
二子奔齊遂墮費將墮成杜預曰泰山鉅平縣東南有成城也。正義曰括地
志云故郕城在兗州泗水縣西北五十里公斂處父服虔曰成宰也謂孟孫曰墮成
齊人必至于北門且成孟氏之保鄣無成是無

孟氏也我將弗墮十二月公圍成弗克定公十四年孔子年五十六由大司寇行攝相事有喜色門人曰聞君子禍至不懼福至不喜孔子曰有是言也不曰樂其以貴下人乎於是誅魯大夫亂政者少正卯與聞國政三月粥羔豚者弗飾賈男女行者別於塗塗不拾遺四方之客至乎邑者不求有司（王肅曰有司常供其職客求而有在也）皆予之以歸（索隱曰家語作皆如歸）齊人聞而懼曰孔子為政必霸霸則吾地近焉我之為先并矣盍致地焉犂鉏曰請先嘗沮之沮之而不可則致地庸遲乎於是選

齊國中女子好者八十人皆衣文衣而舞康樂（索隱曰家語作容璣王肅云舞曲名也）文馬三十駟遺魯君陳女樂文馬於魯城南高門外季桓子微服往觀再三將受乃語魯君為周道游往觀終日（索隱曰謂請魯君為周徧道路游行因出觀齊之女樂）怠於政事子路曰夫子可以行矣孔子曰魯今且郊如致膰乎大夫（王肅曰膰祭肉）則吾猶可以止桓子卒受齊女樂三日不聽政郊又不致膰俎於大夫孔子遂行宿乎屯（屯在魯之南也索隱曰屯地名）○而師已送曰夫子則非罪孔子曰吾歌可夫歌曰彼婦之口可以出走彼婦之謁可以死敗（王肅曰言婦人）

之口請謁足以憂使人死敗故可以出走也 蓋優哉游哉維以卒歲 王肅曰言仕不遇也故且優游以終歲 師已反桓子曰孔子亦何言師已以實告桓子喟然歎曰夫子罪我以羣婢故也夫

孔子遂適衛主於子路妻兄顏濁鄒家 索隱曰孟子曰孔子於衛主顏讎由彌子之妻與子路之妻兄弟也今此云濁鄒是子路之妻兄所說不同 衛靈公問孔子居魯得祿幾何對曰奉粟六萬衛人亦致粟六萬 索隱曰若六萬石似太多當是六萬斗亦與漢之秩祿不同。正義曰六萬小斗計當今二千石也周之斗升斤兩皆用小也 居頃之或譖孔子於衛靈公靈公使公孫余假一出一入 索隱曰謂以兵仗出入以脅夫子也 孔子恐獲罪焉居十月去衛將適陳過匡 正義曰故匡城在滑州城縣西南十里 顏刻爲

僕以其策指之曰昔吾入此由彼缺也 索隱曰謂昔所被攻缺破之處也。正義曰琴操云孔子到匡郭外顏淵舉策指匡穿垣曰往與陽貨正從此入匡人聞其言告君曰往者陽貨今復來乃率衆圍孔子數日乃和琴而歌音曲甚哀有暴風擊軍士僵仆於是匡人乃知孔子聖人自解也 匡人聞之以爲魯之陽虎陽虎嘗暴匡人匡人於是遂止孔子 索隱曰匡宋邑也家語云匡人簡子以甲士圍夫子 孔子狀類陽虎拘焉五日顏淵後 孔安國曰言與孔子相失故在後也 子曰吾以汝爲死矣顏淵曰子在回何敢死 包氏曰言夫子在已無所致死也 匡人拘孔子益急弟子懼孔子曰文王既沒文不在茲乎 孔安國曰茲此也言文王雖已沒其文見在此此自謂其身也 天之將喪斯文也後死者不得與于斯文也 孔安國曰文王既沒故孔子自謂後死也言天將喪

此文者本不當使我知之今使我知之未欲喪之也天之未喪斯文也匡人其如予何馬融曰如予何猶言奈我何也天未喪此文則我當傳之匡人欲奈我何言不能違天以害己孔子使從者為甯武子臣於衛然後得去索隱曰家語子路彈劍而歌孔子和之曲三終匡人解圍而去今此取論語文王既沒之文及從者臣甯武子然後得去蓋夫子再厄匡人或設辭以解圍或彈劍而釋難今此合論語家語之文以為一事故彼此文交互耳去即過蒲徐廣曰長垣縣有匡城蒲鄉○正義曰括地志云故蒲城在滑州匡城縣北十五里匡城本漢長垣縣月餘反乎衛主蘧伯玉家靈公夫人有南子者使人謂孔子曰四方之君子不辱欲與寡君為兄弟者必見寡小君寡小君願見孔子孔子辭謝不得已而見之夫人在絺帷中孔子入門北面稽首夫人自

帷中再拜環珮玉聲璆然正義曰璆音虬孔子曰吾鄉為弗見見之禮答焉索隱曰上見如字下見音去聲言我不為相見之禮現而荅之子路不說孔子矢之曰予所不者天厭之天厭之欒肇曰見南子者時不獲已猶文王之拘羑里也天厭之者言我之否屈乃天命所厭也蔡謨曰矢陳也夫子為子路陳天命也居衛月餘靈公與夫人同車宦者雍渠參乘出使孔子為次乘招搖市過之徐廣曰招搖翱翔也○索隱曰家語作遊過市孔子曰吾未見好德如好色者也何晏曰疾時人薄於德厚於色故發此言也李充曰使好德如好色則弃邪而反正矣於是醜之去衛過曹是歲魯定公卒孔子去曹適宋徐廣曰年表定公十三年孔子至衛十四年至陳哀公三年孔子過宋與弟子習禮大樹下宋司馬桓魋欲

殺孔子拔其樹孔子去弟子曰可以速矣孔子
曰天生德於予桓魋其如予何包氏曰天生德者謂授以聖性德合天地
吉無不利故曰其如予何孔子適鄭與弟子相失孔子獨立郭
東門鄭人或謂子貢曰索隱曰家語姑布子卿謂子貢曰東門有
人其顙似堯索隱曰家語云河目而隆顙其顙似堯其項類皋陶其肩
類子產然自要以下不及禹三寸纍纍若喪家
之狗王肅曰喪家之狗主人哀荒不見飲食故纍然而不得意孔子生於亂世道不得行故纍然不得志之貌
也韓詩外傳曰喪家之狗既斂而槨有席而祭顧望無人也子貢以實告孔子孔子
欣然笑曰形狀末也而似喪家之狗然哉然哉
孔子遂至陳主於司城貞子家歲餘吳王夫差

伐陳取三邑而去趙鞅伐朝歌楚圍蔡蔡遷于
吳吳敗越王勾踐會稽有隼集于陳廷而死楛
矢貫之石砮矢長尺有咫韋昭曰隼鷙鳥今之鶚也楛木名砮鏃也以石為之
八寸曰咫楛矢貫之墜而死○正義曰隼音筍毛詩義疏鶚齊人謂之擊正或謂之題肩或曰省鷹春化為布穀此屬數
種皆為隼陳湣公使使問仲尼索隱曰家語國語皆作陳惠公非也按惠公以魯昭元年
立定四年卒又按系家湣公十六年孔子適陳十三年亦在陳則此湣公為是仲尼曰隼來遠
矣此肅慎之矢也正義曰肅慎國記云肅慎其地在夫餘國東北河六十日行其弓四尺強
勁弩射四百步今之靺鞨國方有此矢昔武王克商通道九夷百蠻王肅
曰九夷東方夷有九種也百蠻夷狄之百種使各以其方賄來貢王肅曰各以其方面
所有之財賄而來貢使無忘職業於是肅慎貢楛矢石砮長

尺有咫先王欲昭其令德以肅慎矢分大姬韋昭曰大姬武王元女也配虞胡公而封諸陳分同姓以珍玉展親韋昭曰展重也玉謂若夏后氏之璜分異姓以遠方職使無忘服王肅曰使無忘服從於王也故分陳以肅慎矢試求之故府果得之韋昭曰故府舊府也孔子居陳三歲會晉楚爭彊更伐陳及吳侵陳陳常被寇孔子曰歸與歸與吾黨之小子狂簡進取不忘其初於是孔子去陳過蒲會公叔氏以蒲畔蒲人止孔子弟子有公良孺者以私車五乘從孔子其爲人長賢有勇力謂曰吾昔從夫子遇難於匡今又遇難於此命也

已吾與夫子再罹難寧鬬而死鬬甚疾蒲人懼索隱曰家語一云寧我鬬死挺劒而合衆將與之戰蒲人懼是也謂孔子曰苟毋適衛吾出子與之盟出孔子東門孔子遂適衛子貢曰盟可負耶孔子曰要盟也神不聽衛靈公聞孔子來喜郊迎問曰蒲可伐乎對曰可靈公曰吾大夫以爲不可今蒲衛之所以待晉楚也正義曰衛在濮州蒲在滑州在衛西也韓魏及楚從西向東伐先在蒲後及衛以衛伐之無乃不可乎孔子曰其男子有死之志王肅曰公叔氏欲以蒲適他國而男子欲死之不樂適他婦人有保西河之志王肅曰婦人恐懼欲保西河無戰意也○索隱曰此西河在衛地非魏之西河也吾所伐者不過四五人王肅曰本與公叔同畔者靈公

曰善然不伐蒲靈公老怠於政不用孔子孔子
喟然歎曰苟有用我者朞月而已三年有成孔安國曰言誠有用我於政事者朞年而可以行其政教必三年乃有成也孔子行佛肸為中
年宰孔安國曰晉大夫趙簡子之邑宰趙簡子攻范中行伐中年索隱曰此河北之中年蓋在漢陽西佛肸畔使人召孔子孔子欲往子
路曰由聞諸夫子其身親為不善者君子不入
也孔安國曰不入其國今佛肸親以中年畔子欲往如之何
孔子曰有是言也不曰堅乎磨而不磷不曰白
乎涅而不淄孔安國曰磷薄也涅可以染皁者也言至堅者磨之而不薄至白者染之於涅中而不黑君子雖在濁亂不能汙也
我豈匏瓜也哉焉能繫而不食何晏曰言匏瓜得繫一處者不食故也吾自食物當東西南北不得如不食之物繫滯一處

孔子擊磬有荷
蕢而過門者曰有心哉擊磬乎何晏曰蕢草器也有心謂契契然也硜
硜乎莫己知也夫而已矣何晏曰此硜硜信己而已言亦無益也孔子
學鼓琴師襄子索隱曰家語師襄子曰吾雖以擊磬為官然能於琴蓋師襄子魯人論語謂之擊磬襄是也十日不進師襄子曰可以益矣孔子曰丘
已習其曲矣未得其數也有間曰已習其數可
以益矣孔子曰丘未得其志也有間曰已習其
志可以益矣孔子曰丘未得其為人也有間曰
有所穆然深思焉有所怡然高望而遠志焉曰
丘得其為人黯然而黑王肅曰黯黑貌幾然而長徐廣曰詩云頎而長

兮○索隱曰幾與頎並音祈家語無此四字眼如望羊王肅曰望羊望羊視也如王四國非文王其誰能為此也師襄子辟席再拜曰師蓋云文王操也孔子既不得用於衛將西見趙簡子至於河而聞竇鳴犢舜華之死也徐廣曰或作鳴鐸竇犨又作竇鳴犢舜華也○索隱曰家語云聞趙簡子殺竇犨鳴犢及舜華國語云鳴鐸竇犨則竇犨字鳴犢聲轉字異或作鳴鐸慶華當作舜華諸說皆同臨河而嘆曰美哉水洋洋乎丘之不濟此命也夫子貢趨而進曰敢問何謂也孔子曰竇鳴犢舜華晉國之賢大夫也趙簡子未得志之時須此兩人而後從政及其已得志殺之乃從政丘聞之也刳胎殺夭則麒麟不

至郊竭澤涸漁則蛟龍不合陰陽索隱曰有角曰蛟龍龍能興雲致雨調和陰陽之氣覆巢毀卵則鳳皇不翔何則君子諱傷其類也夫鳥獸之於不義也尚知辟之而況乎丘哉乃還息乎陬鄉作為陬操以哀之王肅曰陬操琴曲名也○索隱曰此陬鄉非魯之陬邑家語云作槃操也而反乎衛入主蘧伯玉家他日靈公問兵陳孔安國曰軍陳行列之法孔子曰俎豆之事則嘗聞之軍旅之事未之學也鄭玄曰萬二千人為軍五百人為旅軍旅末事本未立不可教以末也明日與孔子語見蜚鴈仰視之色不在孔子孔子遂行復如陳夏衛靈公卒索隱曰此魯哀二年也立孫輒是為衛出公六月趙鞅內太子蒯

贖于戚陽虎使太子絻八人衰絰僞自衛迎者
哭而入遂居焉冬蔡遷于州來是歲魯哀公三
年而孔子年六十矣齊助衛圍戚以衛太子蒯
聵在故也夏魯桓釐廟燔南宮敬叔救火孔子
在陳聞之曰災必於桓釐廟乎服虔曰桓釐當毀而魯事非禮之廟故孔
子聞有火災知其加桓僖也已而果然秋季桓子病輦而見魯
城喟然嘆曰昔此國幾興矣以吾獲罪於孔子
故不興也顧謂其嗣康子曰我即死若必相魯
相魯必召仲尼後數日桓子卒康子代立已葬
欲召仲尼公之魚曰昔吾先君用之不終終爲

諸侯笑今又用之不能終是再爲諸侯笑康子
曰則誰召而可曰必召冉求於是使使召冉求
冉求將行孔子曰魯人召求非小用之將大用
之也是日孔子曰歸乎歸乎吾黨之小子狂簡
斐然成章吾不知所以裁之孔安國曰簡大也孔子在陳思歸欲去曰吾黨
之小子狂者進取於大道妄穿鑿以成章不知所以裁制當歸以裁耳。索隱曰此系家再有歸與之辭者前辭出孟子
此辭見論語蓋止是一稱歸與二書各記之今前後再引亦失之也子贛知孔子思歸送
冉求因誡曰即用以孔子爲招云冉求既去明
年孔子自陳遷于蔡蔡昭公將如吳吳召之也
前昭公欺其臣遷州來後將往大夫懼復遷公

孫翩射殺昭公徐廣曰哀公四年也楚侵蔡秋齊景公卒徐廣曰哀公五年也明年孔子自蔡如葉葉公問政孔子曰政在來遠附邇他日葉公問孔子於子路子路不對孔安國曰葉公名諸梁楚大夫食采於葉僭稱公不對未知所以對也孔子聞之曰由爾何不對曰其為人也學道不倦誨人不厭發憤忘食樂以忘憂不知老之將至云爾去葉反于蔡長沮桀溺耦而耕孔子以為隱者使子路問津焉鄭玄曰耜廣五寸二耜為耦津濟渡處也○正義曰括地志云黃城山俗名菜山在許州葉縣西南二十五里聖賢冢墓記云黃城山即長沮桀溺所耕處下有東流則子路問津處也長沮曰彼執輿者為誰子路曰為孔丘曰是魯孔丘與曰然曰

是知津矣馬融曰言數周流自知津處桀溺謂子路曰子為誰曰為仲由曰子孔丘之徒與曰然桀溺曰悠悠者天下皆是也而誰以易之孔安國曰悠悠者周流之貌也言當今天下治亂同空舍此適彼故曰誰以易之且與其從辟人之士豈若從辟世之士哉何晏曰士有辟人之法有辟世之法長沮桀溺謂孔子為士從辟人之法者也己之為士則從辟世之法也耰而不輟鄭玄曰耰覆種也輟止也覆種不止不以津告者子路以告孔子孔子憮然何晏曰為其不達己意而非己曰鳥獸不可與同羣孔安國曰隱於山林是同羣天下有道丘不與易也何晏曰凡天下有道者丘皆不與易也己大而人小故也他日子路行遇荷蓧丈人包氏曰丈人老者蓧草器名曰子見夫子乎丈人曰四體不勤五穀不分

孰爲夫子包氏曰丈人曰不勤勞四體分植五穀誰爲夫子而索也植其杖而芸孔安國曰植倚也除草曰芸子路以告孔子曰隱者也復往則亡孔安國曰子路反至其家丈人出行不在孔子遷于蔡三歲吳伐陳楚救陳徐廣曰哀公四年也軍于城父聞孔子在陳蔡之閒楚使人聘孔子孔子將往拜禮陳蔡大夫謀曰孔子賢者所刺譏皆中諸侯之疾今者久留陳蔡之閒諸大夫所設行皆非仲尼之意今楚大國也來聘孔子孔子用於楚則陳蔡用事大夫危矣於是乃相與發徒役圍孔子於野不得行絕糧從者病莫能興孔安國曰興起也孔子講誦弦歌不衰子路慍見曰君子亦有窮乎孔子曰君子固窮小人窮斯濫矣何晏曰濫溢也君子固亦有窮時但不如小人窮則濫溢爲非子貢色作孔子曰賜爾以予爲多學而識之者與曰然孔安國曰然謂多學而識之非與孔安國曰問今不然耶孔子曰非也予一以貫之何晏曰善有元事有會天下殊塗而同歸百慮而一致知其元則衆善舉也故不待學以一知之孔子知弟子有慍心乃召子路而問曰詩云匪兕匪虎率彼曠野王肅曰率循也言非兕虎而循曠野也吾道非耶吾何爲於此子路曰意者吾未仁耶人之不我信也王肅曰言人不信吾豈以未仁故乎意者吾未知耶人之不我行也王肅曰言人不使通行而困窮者豈以吾未智乎孔子曰有是乎由譬使仁者

而必信安有伯夷叔齊正義曰言仁者必使四方信之安有伯夷叔齊餓死乎使智者而必行安有王子比干正義曰言智者必使夔事通行安有王子比干剖心哉子路出子貢入見孔子曰賜詩云匪兕匪虎率彼曠野吾道非耶吾何為於此子貢曰夫子之道至大也故天下莫能容夫子夫子蓋少貶焉孔子曰賜良農能稼而不能為穡王肅曰種之為稼斂之為穡言良農能善種之未必能斂穫之良工能巧而不能為順王肅曰言良工能巧而已不能每順人之意君子能脩其道綱而紀之統而理之而不能為容今爾不脩爾道而求為容賜而志不遠矣子貢出顏回入見孔子曰回詩云匪兕匪虎率彼曠野吾道非耶吾何為於此顏回曰夫子之道至大故天下莫能容雖然夫子推而行之不容何病不容然後見君子夫道之不脩也是吾醜也夫道既已大脩而不用是有國者之醜也不容何病不容然後見君子孔子欣然而笑曰有是哉顏氏之子使爾多財吾為爾宰王肅曰宰主財者也為汝主財言志之同也於是使子貢至楚楚昭王興師迎孔子然後得免昭王將以書社地七百里封孔子服虔曰書籍也○索隱曰古者二十五家為里里則各立社則書社者書其社之人名於籍蓋以七百里書社之人封孔子也故下冉求云雖累千社而夫子不利是也楚令尹子西曰王之

使使諸侯有如子貢者乎曰無有王之輔相有如顏回者乎曰無有王之將率有如子路者乎曰無有王之官尹有如宰予者乎曰無有且楚之祖封於周號爲子男五十里今孔丘述三王之法明周召之業王若用之則楚安得世世堂堂方數千里乎夫文王在豐武王在鎬百里之君卒王天下今孔丘得據土壤賢弟子爲佐非楚之福也昭王乃止其秋楚昭王卒于城父楚狂接輿歌而過孔子（孔安國曰接輿楚人也佯狂而來歌欲以感切夫子也）曰鳳兮鳳兮何德之衰（孔安國曰比孔子於鳳鳥待聖君乃見非孔子周行求合故曰衰也）往者不可諫兮（孔安國曰已往所行不可復諫止也）來者猶可追也（孔安國曰自今已來可追自止避亂隱居）已而已而今之從政者殆而（孔安國曰言已而者言世亂已甚不可復治也再言之者傷之深也）孔子下欲與之言（包氏曰下下車也）趨而去弗得與之言於是孔子自楚反乎衛是歲也孔子年六十三而魯哀公六年也其明年吳與魯會繒徵百牢（索隱曰此哀七年時也百牢牢具一百也周禮上公九牢侯伯七牢子男五牢今吳徵百牢夷不識禮故子貢對以周禮而後吳亡是徵也。正義曰括地志云故鄫城在沂州承縣地理志云繒縣屬東海縣也）太宰嚭召季康子康子使子貢往然後得已孔子曰魯衛之政兄弟也（包氏曰周公康叔既爲兄弟康叔睦於周公其國之政亦如兄弟也）是時衛君輒父不得立在外諸侯數

以爲讓而孔子弟子多仕於衛衛君欲得孔子
爲政子路曰衛君待子而爲政子將奚先包氏曰問往將
何所先行孔子曰必也正名乎馬融曰正百事之名也子路曰有是
哉子之迂也何其正也包氏曰迂猶遠也言孔子之言遠於事也孔子曰
野哉由也孔安國曰野不達也夫名不正則言不順言不順
則事不成事不成則禮樂不興禮樂不興則刑
罰不中孔安國曰禮以安上樂以移風二者不行則有淫刑濫罰也刑罰不中則民
無所錯手足矣夫君子爲之必可名言之必可
行王肅曰所名之事必可得明言所言之事必可得遵行者君子於其言無所苟而
已矣其明年冉有爲季氏將師與齊戰於郎克

之徐廣曰此哀公十一年也去吳會繒已四年矣年表哀公十年孔子自衛至陳也。索隱曰徐說去會四年是也按
左氏及此文孔子是時在衛歸魯不見有在陳之文在陳當哀公之初蓋年表誤爾。正義曰括地志云郎亭在徐州滕
縣西五十三里季康子曰子之於軍旅學之乎性之乎冉
有曰學之於孔子季康子曰孔子何如人哉對
曰用之有名播之百姓質諸鬼神而無憾求之
至於此道雖累千社夫子不利也索隱曰二十五家爲社千社即
二萬五千家康子曰我欲召之可乎對曰欲召之則毋
以小人固之則可矣而衛孔文子將攻服虔曰文子衛卿也
太叔左傳曰太叔名疾問策於仲尼仲尼辭不知退而命
載而行曰鳥能擇木木豈能擇鳥乎服虔曰鳥喻己木以喻所

之之國文子固止會季康子逐公華公賓公林以幣
迎孔子孔子歸魯孔子之去魯凡十四歲而反
乎魯索隱曰前文孔子以定公十四年去魯計至此十三年魯系家云定公十二年孔子去魯則首尾計十五年矣魯哀公問政對曰政在選臣季康子問政曰
舉直錯諸枉包氏曰錯置也舉正直之人用之廢置邪枉之人。索隱曰論語季康子問政子曰政者正也又哀公問曰何為則人服子曰舉直錯諸枉則人服今此初論康子問政未合以孔子答哀公使人服蓋太史撮略論語為文而失事實則枉者直康子患盜孔子曰苟子之不
欲雖賞之不竊孔安國曰欲情慾也言民化於上不從其所令從其所好也然魯
終不能用孔子孔子亦不求仕孔子之時周室
微而禮樂廢詩書缺追迹三代之禮序書傳上

紀唐虞之際下至秦繆編次其事曰夏禮吾能
言之杞不足徵也殷禮吾能言之宋不足徵也包氏曰徵成也杞宋二國夏殷之後也夏殷之禮吾能說之杞宋之君不足以成也足則吾能徵之
矣觀殷夏所損益曰後雖百世可知也何晏曰物類相召勢數相生其變有常故可預知者也以一文一質周監二代郁郁乎文
哉吾從周孔安國曰監視也言周文章備於二代當從之周故書傳禮記自
孔氏孔子語魯太師樂其可知也始作翕如何晏曰太師樂官名也五音始奏翕如盛也縱之純如何晏曰言五音既發放縱盡其聲純和諧也皦
如何晏曰言其音節明繹如也以成何晏曰縱之以純如皦如繹如言樂始於翕如而成於三者也
吾自衛反魯然後樂正雅頌各得其所鄭玄曰反魯魯哀公

十一年冬〻是時道衰樂廢孔子來還乃正之故雅頌各得其所古者詩三千餘篇及至
孔子去其重正義曰去丘吕反重逐龍反取可施於禮義上采契
后稷中述殷周之盛至幽厲之缺始於衽席故
曰關雎之亂以爲風始正義曰亂理也詩小序云關雎后妃之德也風之始也所以風
天下而正夫婦也毛萇云關關和聲雎鳩王雎也鳥摯而有別后妃悦樂君子之德無不和諧又不淫色慎固幽深若雎鳩之有別然後可以風化天下夫婦有別則父子親父子親則君臣敬君臣敬則朝廷正朝廷正則王化成也按王雎金
口鴞也鹿鳴爲小雅始正義曰小序云鹿鳴宴羣臣嘉賓也既飲食之又實幣帛筐篚以將
其厚意然後忠臣嘉賓得盡其心矣毛萇云鹿得苹呦呦鳴而相呼懇誠發乎中以興嘉樂賓客當有懇誠相招呼以成
禮也文王爲大雅始正義曰小序云文王文王受命作周鄭玄云文王初爲西伯有功於民其
德著見於天故天命之以爲王使君天下清廟爲頌始正義曰小序云清廟祀文王也周公既成雒邑

朝諸侯率以祀文王焉毛萇云清廟者祭有清明之德者之宮也謂祭文王天德清明文王象焉故祭之而歌此詩也
三百五篇孔子皆弦歌之以求合韶武雅頌之
音禮樂自此可得而述以備王道成六藝孔子
晚而喜易序正義曰序易序卦也夫子作十翼謂上彖下彖上象下象上繫下繫文言序卦說卦雜卦
也易正義曰文王既繇六十四卦分爲上下篇先後之次其理不易孔子就上下二經各序其相次之義彖正義
曰吐亂反上彖卦下辭下彖爻卦下辭易正義曰夫子所作統論一卦之義或說其卦德或說其卦義或說其卦名莊氏
云彖斷也言斷定一卦之義也繫正義曰如字又音系易正義云繫辭者聖人繫屬此辭於爻卦之下分爲上下
篇者以簡編重大是以分之又言系辭者取綱系之義也象正義曰上象卦辭下象爻辭易正義云萬物之體自
然各有形象聖人設卦以寫萬物之象今夫子釋此卦之象也說卦正義曰易正義云說卦者陳說八卦德業
變化法象所爲也文言正義曰易正義云夫子贊明易道申說義理釋乾坤二卦經文之言故稱文言又雜

卦者六十四卦以爲義於序卦之外別言聖人之興因時而作隨其事宜不必相因襲當有損益又云雜揉衆卦錯綜其義或以同相類或以異相明按史不出雜卦故附之讀易韋編三絶曰假我數年若是我於易則彬彬矣孔子以詩書禮樂教弟子蓋三千焉身通六藝者七十有二人如顏濁鄒之徒正義曰濁音卓鄒音聚顏濁鄒非七十二人數也頗受業者甚衆

孔子以四教文行忠信何晏曰四者有形質可舉以教絶四毋意何晏曰以道爲度故不任意也毋必何晏曰用之則行舍之則藏故無專必毋固何晏曰無可無不可故無固行毋我何晏曰述古而不自作處羣萃而不自異唯道是從故不有其身也所愼齊戰疾何晏曰此三者人所不能愼而夫子愼也子罕言利與命與仁何晏曰罕者希也利者義之和也命者天之命也仁者行之盛也寡能及之故希言之不憤不啓舉一隅不以

三隅反則弗復也鄭玄曰孔子與人言必待其人心憤憤口悱悱乃後啓發爲說之如此則識思之深也說則舉一端以語之其人不思其類則不重教也其於鄉黨恂恂似不能言者王肅曰恂恂溫恭貌也。索隱曰有本作逡逡音七旬反其於宗廟朝廷辯辯言唯謹爾鄭玄曰唯辯而謹敬也。索隱曰論語作便便朝與上大夫言誾誾如也孔安國曰中正之貌也與下大夫言侃侃如也孔安國曰和樂貌入公門鞠躬如也趨進翼如也孔安國曰言端好也君召使儐鄭玄曰有賓客使迎之也色勃如也孔安國曰必變色君命召不俟駕行矣鄭玄曰急趨君命也既行出而車駕隨之魚餒肉敗割不正不食孔安國曰魚敗曰餒也席不正不坐食於有喪者之側未嘗飽也是日哭則不歌見齊衰瞽者雖童子必變包氏曰瞽盲三人行必得我師（何晏曰言我三人行本無賢愚擇善而從之不善而改之無常師）德之不脩學之不講聞義不能徙不善不能改是吾憂也（孔安國曰夫子常以此四者爲憂也）使人歌善則使復之然後和之（何晏曰樂其善故使重歌而自和也）子不語怪力亂神（王肅曰怪怪異也力謂若奡盪舟烏獲舉千鈞之屬也亂謂臣弒君子弒父也神謂鬼神之事或無益於教化或所不忍言也李充曰力不由理斯怪力也神不由正斯亂神也怪力亂神有與於邪無益於教故不言也）子貢曰夫子之文章可得聞也（何晏曰章明文彩形質著見可以耳目脩也）夫子言天道與性命弗可得聞也已（何晏曰性者人之所受以生也天道者元亨日新之道深微故不可得而聞之）顔淵喟然嘆曰仰之彌高鑽之彌堅（何晏曰言不可窮盡）瞻之在前忽焉在後（何晏曰言忽怳不可爲形象）夫子循循然善誘人（何晏曰循循次序貌也誘進也言夫子正以此道進勸人學有次序也）博我以文約我以禮欲罷不能既竭我才如有所立卓爾雖欲從之蔑由也已（孔安國曰言夫子既以文章開博我又以禮節節約我使我欲罷不能已竭吾才矣其有所立則卓然不可及言己雖蒙夫子之善誘猶不能及夫子所立也）達巷黨人童子曰大哉孔子博學而無所成名（鄭玄曰達巷者黨名五百家爲黨此黨之人美孔子博學道藝不成一名而已）子聞之曰我何執執御乎執射乎我執御矣（鄭玄曰聞人美之承以謙也吾執御者欲明六藝之卑）牢曰子云不試故藝（鄭玄曰牢者弟子子牢也試用也言孔子自云我不見用故多伎藝也）魯哀公十四年春狩大野（服虔曰大野藪名魯田圃之常處蓋今鉅野是也。正義曰括地志云獲麟堆在鄆州鉅野縣東十二里春秋哀十四年經云西狩獲麟國都城記云鉅野故城東十里澤中有土臺廣輪四五十步俗云獲麟堆

去魯城可三百餘里叔孫氏車子鉏商獲獸服虔曰車子微者也鉏商名也。索隱曰
春秋傳及家語並云車子鉏商而服虔以子為姓非也今以車子為主車車士微者之人也人微故略其姓則子非姓也
以為不祥仲尼視之曰麟也取之服虔曰麟非時所常見故怪之
以為不祥也仲尼名之曰麟然後魯人乃取之也明麟為仲尼至也曰河不出圖雒不出
書吾已矣夫孔安國曰聖人受命則河出圖今無此瑞吾已矣夫者不得見河圖八卦是也顏
淵死孔子曰天喪予何休曰予我也天生顏淵為夫子輔佐死者是天將亡夫子之證者
也及西狩見麟曰吾道窮矣何休曰麟者太平之獸聖人之類也時得而死
此天亦告夫子將歿之證故云爾喟然歎曰莫知我夫子貢曰何為
莫知子何晏曰子貢怪夫子言何為莫知己故問之子曰不怨天不尤人
馬融曰孔子不用於世而不怨天不知己亦不尤人下學而上達孔安國曰下學人事上達天命知

我者其天乎何晏曰聖人與天地合其德故曰唯天知己不降其志不辱
其身伯夷叔齊乎鄭玄曰言其直己之心不入庸君之朝謂柳下惠少
連降志辱身矣謂虞仲夷逸隱居放言包氏曰放置也置不
復言世務也行中清廢中權馬融曰清純絜也遭世亂自廢棄以免患合於權也我則
異於是無可無不可馬融曰亦不必進亦不必退唯義所在子曰弗乎
弗乎君子病沒世而名不稱焉吾道不行矣吾
何以自見於後世哉乃因史記作春秋上至隱
公下訖哀公十四年十二公據魯親周索隱曰言夫子修春
秋以魯為主故云據魯時周雖微而親周王者以見天下之有宗主也故殷運之三代正義
曰殷中也又中運夏殷周之事也約其文辭而指博故吳楚之君自

稱王而春秋貶之曰子踐土之會實召周天子
而春秋諱之曰天王狩於河陽推此類以繩當
世貶損之義後有王者舉而開之春秋之義行
則天下亂臣賊子懼焉孔子在位聽訟文辭有
可與人共者弗獨有也至於爲春秋筆則筆削
則削子夏之徒不能贊一辭弟子受春秋孔子
曰後世知丘者以春秋而罪丘者亦以春秋劉熙曰知
者行堯舜之道者也罪者在王公之位見貶絕者明歲子路死於衛孔子病
子貢請見孔子方負杖逍遙於門曰賜汝來何
其晚也孔子因歎歌曰太山壞乎鄭玄曰太山衆山所仰梁
柱摧乎哲人萎乎王肅曰萎頓也因以涕下謂子貢曰天
下無道久矣莫能宗予王肅曰傷道之不行也夏人殯於東
階周人於西階殷人兩柱間昨暮予夢坐奠兩
柱之間予始殷人也後七日卒鄭玄曰明聖人知命也。正義曰括地志
云漢封夫子十二代孫志爲褒成侯生光爲丞相封侯平帝封孔霸孫莽二千戶爲褒成侯後漢封十七代孫志爲褒成
侯魏封二十二代孫羨爲崇聖侯晉封二十三代孫震爲奉聖亭侯後魏封二十七代孫爲崇聖大夫孝文帝又封三十
一代孫珍爲崇聖侯高齊改封珎爲恭聖侯周武帝改封鄒國公隋文帝仍舊封鄒國公煬帝改爲紹聖侯皇唐給復二
千戶封孔子裔孫孔德倫爲褒聖侯也孔子年七十三以魯哀公十六
年四月己丑卒索隱曰若孔子以魯襄二十一年生至哀十六年爲七十三若襄二十二年生
則孔子年七十二經傳生年不定使夫子壽數不明哀公誄之曰旻天不弔不

君之賜因以名其子爲鯉也]伯魚年五十先孔子死[皇覽曰伯魚冢在孔子冢東與孔子並大小相望也]伯魚生伋字子思年六十二嘗困於宋子思作中庸[皇覽曰子思冢在孔子冢南大小相望]子思生白字子上年四十七子上生求字子家年四十五子家生箕字子京年四十六子京生穿字子高年五十一子高生子慎年五十七嘗爲魏相子慎生鮒年五十七爲陳王涉博士死於陳下鮒弟子襄年五十七嘗爲孝惠皇帝博士遷爲長沙太守長九尺六寸子襄生忠年五十七忠生武武生延年及安國安國爲今皇帝博士至臨淮太守蚤卒安國生卬卬生驩

太史公曰詩有之高山仰止景行行止雖不能至然心鄉往之余讀孔氏書想見其爲人適魯觀仲尼廟堂車服禮器諸生以時習禮其家余低回留之不能去云[索隱曰祗敬也言祗敬遲迴不能去之有本亦作低迴義亦通]天下君王至于賢人衆矣當時則榮沒則已焉孔子布衣傳十餘世學者宗之自天子王侯中國言六藝者折中於夫子[索隱曰離騷云明五帝以折中王師叔云折中正也宋均云折斷也中當也言欲折斷其物而用之與度相中當也]可謂至聖矣

索隱述贊曰

孔子之先　胄于商國　弗父能讓
正考銘勒　防叔來奔　鄹人倚立
尼丘誕聖　闕里生德　七十升堂
四方取則　行誅兩觀　攝相夾谷
歎鳳遽衰　泣麟何促　九流仰鏡
萬古欽躅

史柒阡肆伯伍拾貳字
註捌阡叁伯玖拾壹字

孔子世家第十七　史記四十七

陳涉世家第十八　史記四十八

索隱曰勝立數月而死無後亦稱系家者以其所遣王侯將相竟滅秦爲首事故也然時因擾攘起自匹夫假託妖祥一朝稱楚歷年不永勳業蔑如繼之齊魯曹何等級可降爲列傳

陳勝者陽城人也索隱曰韋昭云陽城屬潁川地理志屬汝南不同者按郡縣之名隨代分割盖陽城舊屬汝南史遷云今爲汝陰後又分隸潁川韋昭據以爲說故其不同他皆放此〇正義曰即河南陽城縣也字涉吳廣者陽夏人也索隱曰夏音賈韋昭云淮陽縣後屬陳〇正義曰括地志云陳州太康縣本漢陽夏縣也字叔陳涉少時嘗與人傭耕索隱曰廣雅云傭役也謂役力而受雇直也輟耕之壟上悵恨久之曰苟富貴無相忘庸者笑而應曰若爲庸耕何富貴也陳涉太息曰嗟乎燕雀安知鴻鵠之志哉索隱曰尸子云鴻鵠之鷇羽翼未合而有四海之心是也鴻鵠是一鳥若鳳皇然非鴻鴈與黃鵠也鵠音戶酷反二世元年七月發閭左適戍漁陽九百人屯大澤鄉徐廣曰在沛郡蘄縣〇索隱曰閭左謂居閭里之左也秦時復除者居閭左今力役凡在閭左者盡發之也又云凡居以富強爲右貧弱爲左秦役戍多富者役盡兼取貧弱者而發之者也適音直革反又音謫故漢書有七科適戍者屯兵而守也地理志漁陽縣名在漁陽郡也〇正義曰括地志云漁陽故城在檀州密雲縣南十八里在漁水之陽也陳勝吳廣皆次當行爲屯長會天大雨道不通度已失期失期法皆斬陳勝吳廣乃謀曰今亡亦死舉大計亦死等死死國可乎索隱曰謂欲經營圖國假使不成而敗猶愈爲戍卒而死也陳勝曰天下苦秦久矣吾聞二世少子也不當立索隱曰姚氏按隱士遺章邯書云李斯爲二世廢十七兄而王今王則二世是始皇第十八子也當立

者乃公子扶蘇扶蘇以數諫故上使外將兵今或聞無罪二世殺之百姓多聞其賢未知其死也索隱曰如淳云扶蘇自殺故人不知其死或以爲不知何坐而死故天下寃二世殺之或說爲非今宜依文而解直是扶蘇爲二世所殺而百姓未知故欲詐自稱也項燕爲楚將數有功愛士卒楚人憐之或以爲死或以爲亡今誠以吾衆詐自稱公子扶蘇項燕爲天下唱宜多應者索隱曰漢書作倡倡謂先也說文云倡首也吳廣以爲然乃行卜索隱曰行者先也一云行往也卜者知其指意曰足下事皆成有功然足下卜之鬼乎蘇林曰狐鳴祠中則是也瓚曰假託鬼神以威衆也故勝廣曰此教我威衆也。索隱曰裴註引蘇林曰瓚義亦當矣而李奇又云卜者戒曰所卜事雖成當死爲鬼惡指斥言之而勝失其旨用依鬼神起怪蓋亦得其指也陳勝吳廣喜念鬼索隱曰念者思也謂思念欲假鬼神之事曰此教我先威衆耳乃丹書帛曰陳勝王置人所罾魚腹中漢書音義曰罾音曾文穎曰罾魚網也卒買魚烹食得魚腹中書固以怪之矣又間令吳廣之次近所旁叢祠中張晏曰戍人所止處也叢鬼所憑焉。索隱曰服虔云間音中間之間鄭氏云間謂竊令人行也孔文祥又云伺竊間隙不欲令衆知之次師所次舍處也墨子云建國必擇木之脩茂者以爲叢位高誘註戰國策云叢祠神祠叢樹也夜篝火徐廣曰或作帶也篝者籠也音搆。索隱曰漢書作搆火郭璞云篝籠也狐鳴呼曰大楚興陳勝王卒皆夜驚恐旦日卒中往往語皆指目陳勝吳廣素愛人士卒多爲用者將尉醉索隱曰尉官也漢舊儀大縣二人其尉將屯九百人故云將尉也廣故數言欲亡忿恚尉令辱之以激怒其衆尉果笞廣尉劍挺（徐廣曰挺猶脫也○索隱曰按脫即奪也說文云 / 挺拔也案謂尉劍拔而廣因奪之故得殺尉）廣起奪而殺尉陳勝佐之并殺兩尉召令徒屬曰公等遇雨皆已失期失期當斬藉第令毋斬（服虔曰藉假 / 也第次第也 / 應劭曰藉吏士名藉也今失期當斬就使藉第幸得不斬戍 / 死者固十六七此激怒其衆也蘇林曰第且也○索隱曰第 / 一音次第之第小顏云第但也劉氏云藉音 / 子夜反應劭讀如字各以意言蘇說爲近也）而戍死者固十六七且壯士不死即已死即舉大名耳（索隱曰大 / 名謂大 / 名稱也）王侯將相寧有種乎徒屬皆曰敬受命乃詐稱公子扶蘇項燕從民欲也袒右稱大楚爲壇而盟祭以尉首陳勝自立爲將軍吳廣爲都尉攻大澤鄉收而攻蘄蘄下（索隱曰蘄音機又音祈 / 縣名屬沛郡下者降也 / 謂以兵臨蘄 / 而即降也）乃令符離人葛嬰將兵徇蘄以東（索隱 / 曰韋昭云符離屬沛郡李 / 奇云徇略也音辭峻反）攻銍酇苦柘譙皆下之（徐廣 / 曰苦柘屬陳 / 餘皆在沛也）行收兵比至陳（索隱曰地理志 / 陳縣屬淮陽）車六七百乘騎千餘卒數萬人攻陳（正義曰今陳州城也本 / 楚襄王築古陳國城也）陳守令皆不在（索隱曰張晏云郡守縣令皆不在非也 / 地理志及秦三十六郡並無陳郡則陳 / 止是縣令言守令則守非官也 / 與下守丞同也則皆是衍字也）獨守丞與戰譙門中（索隱曰盍謂陳縣之城門一名麗譙故曰譙 / 門中非上譙縣之門也譙縣守前已下故）弗勝守丞死乃入據陳數日號令召三老豪傑與皆來會計事三老豪傑皆曰將軍身被堅執銳伐無道誅

暴秦復立楚國之社稷功宜爲王陳涉乃立爲王號爲張楚索隱曰李奇云欲張大楚國故稱張楚也當此時諸郡縣苦秦吏者皆刑其長吏殺之以應陳涉乃以吳叔爲假王監諸將以西擊滎陽令陳人武臣張耳陳餘徇趙地令汝陰人鄧宗徇九江郡當此時楚兵數千人爲聚者不可勝數葛嬰至東城立襄彊爲楚王索隱曰東城縣名地理志屬九江。正義曰括地志云東城故城在濠州定遠縣東南五十里也嬰後聞陳王已立因殺襄彊還報至陳陳王誅殺葛嬰陳王令魏人周市北徇魏地吳廣圍滎陽李由爲三川守索隱曰三川今洛陽也地有伊洛河故曰三川秦曰三川漢曰河南郡李由李斯子也守滎陽吳叔弗能下陳王徵國之豪傑與計以上蔡人房君蔡賜爲上柱國漢書音義曰房君官號也姓蔡名賜瓚曰房邑君也。索隱曰房邑也爵之於房號曰房君晉灼按張耳傳言相國房君者蓋誤耳涉始號楚因楚有柱國之官故以官蔡賜蓋其時草創亦未置相國之官也。正義曰豫州吳房縣本房子國是所封也周文陳之賢人也文頴曰即周章甞爲項燕軍視日如淳曰視日時吉凶舉動之占也司馬季主爲日者事春申君自言習兵陳王與之將軍印西擊秦行收兵至關車千乘卒數十萬至戲正義曰即京東戲亭也軍焉秦令少府章邯免酈山徒人奴產子服虔曰家人之產奴也。索隱曰小顏云猶今言家產奴也悉發以擊楚大軍盡敗之周文敗走出關止次曹陽索隱曰晉灼云亭名也在弘農東十三里小潁云曹水之陽也其水出陜縣西南峴頭山北流入河魏武帝改爲好陽也○正義曰括地志云曹陽故亭亦名好陽亭在陜州桃林縣東南十四里崔浩云曹陽坑名自南出北通於河按魏武帝改曰好陽也二三月章邯追敗之復走次澠池正義曰澠池河南府縣是也十餘日章邯擊大破之周文自剄軍遂不戰徐廣曰十二月也索隱曰越系家句踐使罪人三行屬劒於頸曰不敢逃刑乃自剄郭璞注三蒼以爲剄刺也武臣到邯鄲自立爲趙王陳餘爲大將軍張耳召騷爲左右丞相陳王怒捕繫武臣等家室欲誅之柱國曰秦未亡而誅趙王將相家屬此生一秦也不如因而立之陳王乃遣使者賀趙而徙繫武臣等家屬宮中而封其子張敖爲成都君正義曰成都蜀郡縣涉遥封之

趣趙兵亟入關索隱曰趣音促謂催促也亟音棘亟急也趙王將相相與謀曰王王趙非楚意也楚已誅秦必加兵於趙計莫如毋西兵使使北徇燕地以自廣也趙南據大河北有燕代楚雖勝秦不敢制趙若楚不勝秦必重趙趙乘秦之弊可以得志於天下趙王以爲然因不西兵而遣故上谷卒史韓廣將兵北徇燕地燕故貴人豪傑謂韓廣曰楚已立王趙又已立王燕雖小亦萬乘之國也願將軍立爲燕王韓廣曰廣母在趙不可燕人曰趙方西憂秦南憂楚其力不能禁我且以楚

之彊不敢害趙王將相之家趙獨安敢害將軍之家韓廣以爲然乃自立爲燕王居數月趙奉燕王母及家屬歸之燕當此之時諸將之徇地者不可勝數周市北徇地至狄徐廣曰今之臨濟狄人田儋殺狄令自立爲齊王以齊反擊周市市軍散還至魏地欲立魏後故甯陵君咎爲魏王應劭曰魏諸公子咎欲立六國後以樹黨○索隱曰晉灼云甯陵今在梁國按今梁國有寧陵縣是字轉異耳○正義曰括地志云宋州寧陵縣城古甯陵城也時咎在陳王所不得之魏魏地已定欲相與立周市爲魏王周市不肯使者五反陳王乃立甯陵君咎爲魏王遣之國周市卒爲相將軍田臧等相與謀曰周章軍已破矣秦兵旦暮至我圍滎陽城弗能下秦軍至必大敗不如少遣兵足以守滎陽索隱曰遣作遺遺謂留餘也悉精兵迎秦軍今假王驕不知兵權不可與計非誅之事恐敗因相與矯王令以誅吳叔獻其首於陳王陳王使使賜田臧楚令尹印使爲上將田臧乃使諸將李歸等守滎陽城自以精兵西迎秦軍於敖倉與戰田臧死軍破章邯進兵擊李歸等滎陽下破之李歸等死陽城人鄧說將兵居郯索隱曰地理志陽城縣屬潁川說音悅九人名皆音悅郯音談小顏云郯東海之縣名非也按章邯軍此時未至東海此

郯別是也名或恐郯當作郟郟是郟鄭之地或見下有東海郯縣故誤也○正義曰屬海州疑郯當作郟音紀洽反郟即春秋時郟地楚郟敖葬之今汝州郟縣城是鄧說是陽城人陽城河南府縣与郟城縣相近又走陳蓋郟字誤作郯耳

章邯別將擊破之鄧說軍散走陳銍人伍徐徐廣曰一作逢○索隱曰地理志銍縣名屬沛漢書作伍逢將兵居許正義曰括地志云許州許昌縣本漢許縣地理志云許縣故國姜姓四岳之後大叔所封二十四君為楚所滅漢以為縣魏文帝即位改許曰許昌也章邯擊破之伍徐軍皆散走陳陳王誅鄧說陳王初立時陵人秦嘉地理志泗水國有陵縣也銍人董緤符離人朱雞石取慮人鄭布索隱曰地理志取慮縣名屬臨淮音秋閭二音取又音子臾反徐人丁疾等皆特起將兵圍東海正義曰今海州也守慶於郯陳王聞乃使武平君畔為將軍張晏曰畔名也監郯

下軍秦嘉不受命嘉自立為大司馬惡屬武平君告軍吏曰武平君年少不知兵事勿聽因矯以王命殺武平君畔章邯已破伍徐擊陳柱國房君死章邯又進兵擊陳西張賀軍陳王出監戰軍破張賀死臘月張晏曰秦之臘月夏之九月瓚曰建丑之月也○索隱曰顏遊秦云按史記表二世十月誅葛嬰十一月周文死十二月陳涉死是也宗懍荊楚記云臘節在十二月故因是謂之臘月也陳王之汝陰還至下城父索隱曰按舊讀以陳王從汝陰還至城父縣因降下之故云還至下城父又顏氏按郡國志山桑縣有下城父聚在城父縣東下讀如字其說為得之其御莊賈殺以降秦陳勝葬碭正義曰音唐今宋州碭山縣是謚曰隱王陳王故涓人將軍呂臣應劭曰涓人知謁者將軍姓呂名臣也晉灼曰呂氏春秋

荊莊國莊伯令謁者駕令涓人取冠。索隱曰涓音公玄反服虔云給通如今謁者爲倉頭軍起新陽徐廣曰在汝南也。索隱曰韋昭云軍皆著青帽故曰倉頭。正義曰括地志云新陽故城在豫州真陽縣西南四十二里漢新陽縣城應劭云在新水之陽也攻陳下之殺莊賈復以陳爲楚索隱曰爲如字讀謂以陳地爲楚國初陳王至陳令銍人宋留將兵定南陽入武關留已徇南陽聞陳王死南陽復爲秦宋留不能入武關乃東至新蔡遇秦軍宋留以軍降秦秦傳留至咸陽車裂留以徇秦嘉等聞陳王軍破出走乃立景駒爲楚王徐廣曰正月嘉爲上將軍引兵之方與正義曰房預二音方與兗州縣也欲擊秦軍定陶下正義曰今曹州也使公孫慶使齊王欲與并力俱進齊王曰聞陳王戰敗不知其死生楚安得不請而立王公孫慶曰齊不請楚而立王楚何故請齊而立王且楚首事當令於天下田儋誅殺公孫慶秦左右校索隱曰即左右校尉軍也復攻陳下之呂將軍走收兵復聚鄱盜鄱音婆英布居江中爲羣盜陳勝之起布歸番君吳芮故謂之鄱盜者也當陽君黥布之兵相收復擊秦左右校破之青波漢書音義曰地名也復以陳爲楚會項梁立懷王孫心爲楚王陳勝王凡六月已爲王王陳其故人嘗與庸耕者聞之之陳扣宮門曰吾欲見涉宮門令欲縛之自辯數乃置晉灼曰數音朋友數斯疏矣。索隱曰數音疏主反

謂自辨說數與涉有故舊事驗也又音朔數謂自辨往數與涉有故也不肯為通陳王出
遮道而呼涉陳王聞之乃召見載與俱歸入宮
見殿屋帷帳客曰夥頤涉之為王沈沈者應劭曰沈沈宮
室深邃之貌也沈音長含反含一作金。索隱曰服虔云楚人謂多為夥又言頤者助聲之辭也謂涉為王宮殿帷帳庶
物夥多驚而偉之故稱夥頤也劉伯莊以沈沈猶談談謂故人呼為沈沈猶俗云談談漢也楚人謂多
為夥故天下傳之夥涉為王由陳涉始客出入
愈益發舒言陳王故情或說陳王曰客愚無知
顓妄言輕威陳王斬之諸陳王故人皆自引去
由是無親陳王者索隱曰顧氏引孔叢子云陳勝為王妻之父兄往焉勝以衆賓待之妻父
怒云怙彊而傲長者不能久焉不辭而去是其事類也陳王以朱房為中正胡

武為司過主司羣臣諸將徇地至令之不是者
繫而罪之以苛察為忠其所不善者弗下吏輒
自治之索隱曰謂朱房胡武等以素所不善者即自驗問不往下吏也陳王信用之
諸將以其故不親附此其所以敗也陳勝雖已
死其所置遣侯王將相竟亡秦由涉首事也高
祖時為陳涉置守冢三十家碭至今血食
褚先生曰徐廣曰一作太史公駰案班固奏事云太史遷取賈誼過秦上下篇以為秦始皇本紀陳涉世
家下贊文然則言褚先生者非也。索隱曰徐廣裴駰據所見別本及班彪奏事皆云合作太史公今據此是褚先生述
史記加此贊首地形險阻數句然後始稱賈生之言因即改太史公之目而自題已位號也已下義並已見始皇之本紀
地形險阻所以為固也兵革形法所以為治也

猶未足恃也夫先王以仁義爲本而以固塞文法爲枝葉豈不然哉吾聞賈生之稱曰秦孝公據殽函之固（韋昭曰殽謂二殽函函谷關也）擁雍州之地君臣固守以窺周室有席卷天下包舉宇內囊括四海之意并吞八荒之心當是時也商君佐之內立法度務耕織脩守戰之備外連衡而鬭諸侯於是秦人拱手而取西河之外孝公既沒惠文王武王昭王蒙故業因遺策南取漢中西舉巴蜀東割膏腴之地收要害之郡諸侯恐懼會盟而謀弱秦不愛珍器重寶肥饒之地以致天下之士

合從締交相與爲一當此之時齊有孟嘗趙有平原楚有春申魏有信陵此四君者皆明知而忠信寬厚而愛人尊賢而重士約從連衡兼韓魏燕趙宋衛中山之衆於是六國之士有甯越徐尚蘇秦杜赫之屬爲之謀齊明周最（正義曰音聚）陳軫邵滑（邵正義作昭）樓緩翟景蘇厲樂毅之徒通其意吳起孫臏帶他兒良王廖田忌廉頗趙奢之倫制其兵嘗以什倍之地百萬之師仰關而攻秦（索隱曰仰字亦作卬並音仰謂秦地形高故並仰向關門而攻秦有作叩字非也）秦人開關而延敵九國之師遁逃而不敢進（索隱曰九國者謂六國之外更）

有宋衛中山秦無亡矢遺鏃之費而天下固已困矣於是從散約敗爭割地而賂秦秦有餘力而制其獘追亡逐北伏尸百萬流血漂櫓索隱曰說文云櫓大楯也因利乘便宰割天下分裂山河彊國請服弱國入朝施及孝文王莊襄王享國之日淺國家無事及至始皇奮六世之餘烈振長策而御宇內吞二周而亡諸侯履至尊而制六合執敲朴以鞭笞天下索隱曰臣瓚云短曰敲長曰朴威振四海南取百越之地以爲桂林象郡百越之君俛首係頸委命下吏乃使蒙恬北築長城而守藩籬却匈奴七百餘

里胡人不敢南下而牧馬士亦不敢貫弓而報怨索隱曰貫音烏還反又如字貫謂上弦也於是廢先王之道燔百家之言以愚黔首隳名城殺豪俊收天下之兵聚之咸陽銷鋒鍉徐廣曰一作鏑鑄以爲金人十二索隱曰各重千石坐高二丈號曰翁仲以弱天下之民然後踐華爲城因河爲池據億丈之城臨不測之谿以爲固良將勁弩守要害之處信臣精卒陳利兵而誰何索隱曰猶今巡更問何誰也天下已定始皇之心自以爲關中之固金城千里子孫帝王萬世之業也始皇既沒餘威振於殊俗然而陳涉甕牖繩樞之子甿隸之人徐廣

曰田民曰甿音亡更反 而遷徙之徒也材能不及中人非有
仲尼墨翟之賢陶朱猗頓之富也躡足行伍之
閒俛仰阡陌之中 索隱曰仟佰謂千人百人之長也漢書作阡陌如淳云時皆僻屈在阡陌
之中陌音貊 率罷散之卒將數百之衆而轉攻秦斬木
爲兵揭竿爲旗天下雲會響應贏糧而景從山
東豪俊遂並起而亡秦族矣且天下非小弱也
雍州之地殽函之固自若也陳涉之位非尊於
齊楚燕趙韓魏宋衛中山之君也鉏耰棘矜非
銛於句戟長鎩也 索隱曰鉏耰謂鉏木也論語曰耰而不輟是也棘戟也矜戟柄音勤
適戍之衆非儔於九國之師也深謀遠慮行軍

用兵之道非及鄉時之士也 索隱曰鄉音香亮反鄉時猶往時也蓋謂孟嘗
信陵蘇秦陳軫之比也 然而成敗異變功業相反也嘗試使
山東之國與陳涉度長絜大 索隱曰絜音下結反謂如結束知其大小也
比權量力則不可同年而語矣然而秦以區區
之地致萬乘之權抑八州而朝同列 索隱曰謂秦強而抑八州
使朝己也漢書作招八州亦通 百有餘年矣然後以六合爲家殽
函爲宮一夫作難而七廟墮身死人手爲天下
笑者何也仁義不施而攻守之勢異也 索隱曰施音式豉反
言秦以虎狼之国其仁心不施及於天下故亡也
索隱述贊曰

天下匈匈　海内乏主　掎鹿爭捷
瞻烏爰處　陳勝首事　厥號張楚
鬼怪是憑　鴻鵠自許　葛嬰東下
周文西拒　始親朱房　又任胡武
夥頤見殺　腹心不與　莊賈何人
反噬城父

陳涉世家第十八　史記四十八

外戚世家第十九　索隱曰外戚紀后妃也后族亦代有封爵故也漢書則編之列傳中王隱則謂之紀而在列傳之首　史記四十九

自古受命帝王及繼體守文之君索隱曰繼體謂非創業之主而是嫡子繼先帝之正體而立者也守文者猶法也謂非受命創制之君但守先帝法度爲之主耳非獨內德茂也蓋亦有外戚之助焉索隱曰謂非獨君德於內茂盛亦有賢后妃外戚之親以助教化也夏之興也以塗山索隱曰韋昭云塗山國名禹所娶在今九江應劭云九江當塗有禹墟大戴禮云禹娶塗山氏之女謂之女憍生啓也而桀之放也以末喜索隱曰國語桀伐有施有施人以末喜女焉韋昭云有施喜姓之國末喜其女也殷之興也以有娀索隱曰有娀國名其女簡狄吞燕卵而生契故詩云天命玄鳥降而生商是也紂之殺也嬖妲己索隱曰國語殷辛伐有蘇有蘇氏以妲己女焉按有蘇國也己姓也妲字也包愷云妲音丁達反周之興也以姜原及大任索隱曰系本云帝嚳上妃有邰氏之女曰姜原鄭玄箋詩云姜姓嫄名履大人跡生后稷大任文王之母故詩云摯仲氏任毛詩云摯國任姓之中女也而幽王之禽也淫於褒姒索隱曰國語曰幽王伐有褒有褒人以褒姒女焉按褒是國名姒是其姓即龍漦之子褒人育而以女於幽王也然此文自夏之興至褒姒皆是史蘇之詞見國語及列女傳故易基乾坤詩始關雎書美釐降春秋譏不親迎索隱曰公羊紀裂繻來逆女傳曰外逆女不書此何以書譏也何譏爾始不親迎也夫婦之際人道之大倫也禮之用唯婚姻爲兢兢夫樂調而四時和陰陽之變萬物之統也索隱曰以言若樂聲調能令四時和而陰陽變陰陽變則能生萬物是陰陽即夫婦也夫婦道和而能化生萬物萬物人爲之本故云萬物之統也可不慎與人能弘道無如命何甚哉妃匹

之愛 索隱曰妃音配又如字 君不能得之於臣 索隱曰以言夫婦親愛之情雖君父之尊而不奪臣子所好愛使移其本意是不能得也故曰匹夫不可奪志也 父不能得之於子況卑下乎既驩合矣或不能成子姓 索隱曰鄭玄註禮記云姓者子姓謂衆孫也即趙飛鷰等是也 能成子姓矣或不能要其終 索隱曰按謂有始不能要其終也以言雖有子姓而意不能要終如栗姬衛后等是也 豈非命也哉孔子罕稱命蓋難言之也非通幽明之變惡能識乎性命哉 索隱曰惡音烏猶於何也

太史公曰秦以前尚略矣其詳靡得而記焉漢興呂娥姁 徐廣曰姁音況羽反呂后姊字長姁也 索隱曰娥姁呂后字按漢書小顔云呂后名雉字娥姁 爲高祖正后男爲太子及晚節色衰愛弛而戚夫人有寵 索隱曰漢書云得定陶戚姬 其子如意幾代太子者數矣及高祖崩呂氏夷戚氏誅趙王而高祖後宮唯獨無寵疏遠者得無恙 索隱曰爾雅云恙憂也一說古者野居露宿恙噬人蟲也故人相恤云得無恙乎 呂后長女爲宣平侯張敖妻敖女爲孝惠皇后 索隱曰皇甫謐云名嫣 呂太后以重親故欲其生子萬方終無子詐取後宮人子爲子及孝惠帝崩天下初定未久繼嗣不明於是貴外家王諸呂以爲輔而以呂祿女爲少帝后欲連固根本牢甚然無益也高后崩合葬長陵 關中記曰高祖陵在西呂后陵在東漢帝后同塋則爲合葬不合陵也諸陵皆如此 祿產等

懼誅謀作亂大臣征之天誘其統（徐廣曰一作衷）卒滅呂氏唯獨置孝惠皇后居北宮（索隱曰在未央北故曰北宮。正義曰括地志云北宮在雍州長安縣西北十三里與桂宮相近在長安故城中）迎立代王是爲孝文帝奉漢宗廟此豈非天邪非天命孰能當之

薄太后父吳人姓薄氏秦時與故魏王宗家女魏媼通（索隱曰媼音烏老反然媼是婦人之老者通號故趙太后自稱媼及劉媼衛媼之屬是也）生薄姬而薄父死山陰因葬焉（索隱曰顧氏按冢墓記薄父冢在會稽縣西北襟山上今猶有北域襟音莊洽反。正義曰括地志云襟山在越州會稽縣西北三里一名稷山襟音莊洽反）及諸侯畔秦魏豹立爲魏王而魏媼內其女於魏宮媼之許負所相相薄姬云當生天子是時項羽方與漢王相距滎陽天下未有所定豹初與漢擊楚及聞許負言心獨喜因背漢而畔中立更與楚連和漢使曹參等擊虜魏王豹以其國爲郡而薄姬輸織室豹已死漢王入織室見薄姬有色詔內後宮歲餘不得幸始姬少時與管夫人趙子兒相愛約曰先貴無相忘已而管夫人趙子兒先幸漢王漢王坐河南宮成皋臺（索隱曰按是河南宮之成皋臺漢書作成皋靈臺西征記云武牢城內有高祖殿西南有武庫也。正義曰括地志云洛州氾水縣古東虢州故鄭之制邑漢之成皋縣也）此兩美人相與笑

薄姬初時約漢王聞之問其故兩人具以實告漢王漢王心慘然憐薄姬是日召而幸之薄姬曰昨暮夜妾夢蒼龍據吾腹高帝曰此貴徵也吾爲女遂成之一幸生男是爲代王其後薄姬希見高祖高祖崩諸御幸姬戚夫人之屬呂太后怒皆幽之不得出宮而薄姬以希見故得出從子之代爲代王太后太后弟薄昭從如代代王立十七年高后崩大臣議立後疾外家呂氏彊皆稱薄氏仁善故迎代王立爲孝文皇帝而太后改號曰皇太后弟薄昭封爲軹侯（索隱曰地理志云軹縣在河内恐地遠非其封案長安東有軹道亭或當是所封也）薄太后母亦前死葬櫟陽北於是乃追尊薄父爲靈文侯會稽郡置園邑三百家長丞已下吏奉守冢寢廟上食祠如法而櫟陽北亦置靈文侯夫人園如靈文侯園儀薄太后以爲母家魏王後早失父母其奉薄太后諸魏有力者於是召復魏氏及尊賞賜各以親疏受之薄氏侯者凡一人薄太后後文帝二年以孝景帝前二年崩葬南陵（索隱曰按廟記云在霸陵南十里故謂之南陵按今在長安東滻水東原上名曰少陵在霸陵西南故曰東望吾子西望吾夫是也○正義曰括地志云南陵故縣在雍州萬年縣東南二十四里漢南陵縣本薄太后陵邑陵在東北去縣六里）

以呂后會葬長陵故特自起陵近孝文皇帝霸
陵（徐廣曰霸陵縣有軹道亭）
竇太后（索隱曰皇甫謐云名猗房）趙之清河觀津人也（正義曰在冀州
棗強縣東北二十五里）呂太后時竇姬以良家子入宮侍太
后太后出宮人以賜諸王各五人竇姬與在行
中竇姬家在清河欲如趙近家請其主遣宦者
吏（正義曰謂宦者爲吏主發遣宮人也）必置我籍趙之伍中宦者忘
之誤置其籍代伍中籍奏詔可當行竇姬涕泣
怨其宦者不欲往相彊乃肯行至代代王獨幸
竇姬生女嫖（索隱曰嫖音匹消反）後生兩男而代王王后生

四男先代王未入立爲帝而王后卒後代王立
爲帝而王后所生四男更病死孝文帝立數月
公卿請立太子而竇姬長男最長立爲太子立
竇姬爲皇后女嫖爲長公主其明年立少子武
爲代王已而又徙梁是爲梁孝王竇皇后親早
卒葬觀津（索隱曰摯虞注決錄云竇太后父少遭秦亂隱身漁釣墜泉而死景帝立太后遣使者填
父所墜淵起大墳於觀津城南人閒號爲竇氏青山○正義曰括地志云竇少君墓在冀州武邑縣東南二十七里）
於是薄太后乃詔有司追尊竇后父爲安成侯
母曰安成夫人令清河置園邑二百家長丞奉
守比靈文園法竇皇后兄竇長君（索隱曰決錄云建字長君）

弟曰竇廣國字少君少君年四五歲時家貧爲人所略賣其家不知其處傳十餘家至宜陽爲其主入山作炭寒臥岸下百餘人岸崩盡壓殺臥者少君獨得脫不死自卜數日當爲侯從其家之長安（索隱曰謂從逐其宜陽之主人家而皆往長安爲居也）聞竇皇后新立家在觀津姓竇氏廣國去時雖小識其縣名及姓又常與其姊採桑墮用爲符信上書自陳竇皇后言之於文帝召見問之具言其故果是又復問他何以爲驗對曰姊去我西時與我決於傳舍中（索隱曰決別也傳音轉傳舍謂郵亭傳置之舍蓋竇后初入宮時別其弟於傳舍之中也）

丐沐沐我（索隱曰丐音蓋丐者乞也沐米瀋也謂乞瀋爲弟沐也）請食飯我乃去於是竇后持之而泣泣涕交橫下侍御左右皆伏地泣助皇后悲哀乃厚賜田宅金錢封公昆弟家於長安（索隱曰公亦祖也謂皇后同祖之昆弟如竇嬰即皇后從昆弟子之比亦得家於長安故劉氏云公昆弟謂廣國等也）絳侯灌將軍等曰吾屬不死命乃且縣此兩人兩人所出微不可不爲擇師傅賓客又復效呂氏大事也於是乃選長者士之有節行者與居竇長君少君由此爲退讓君子不敢以尊貴驕人竇皇后病失明文帝幸邯鄲慎夫人尹姬皆毋子孝文帝崩孝景帝立

乃封廣國為章武侯（索隱曰地理志縣名屬勃海。正義曰括地志云滄州魯城縣）長君前死封其子彭祖為南皮侯（索隱曰地理志縣名屬勃海。正義曰括地志云故南皮城在滄州南皮縣北四里漢南皮縣也）吳楚反時竇太后從昆弟子竇嬰任俠自喜將兵以軍功為魏其侯（索隱曰地理志縣名屬琅邪）竇氏凡三人為侯竇太后好黃帝老子言帝及太子諸竇不得不讀黃帝老子尊其術竇太后後孝景帝六歲建元六年崩（索隱曰當武帝建元六年此文是也而漢書作元光誤也）合葬霸陵遺詔盡以東宮金錢財物賜長公主嫖

王太后槐里人（索隱曰皇甫謐云后名娡音志地理志右扶風槐里本名廢丘。正義曰括地志云太丘故城一名槐里亦曰廢丘城在雍州始平縣東南十里也）母曰臧兒臧兒者故燕王臧荼孫也臧兒嫁為槐里王仲妻生男曰信與兩女（索隱曰即后及兒姁也）而仲死臧兒更嫁長陵田氏生男蚡勝臧兒長女嫁為金王孫婦生一女矣而臧兒卜筮之曰兩女皆當貴因欲奇兩女（索隱曰奇者異之也漢書作倚倚依也）乃奪金氏金氏怒不肯予決乃內之太子宮太子幸愛之生三女一男男方在身時王美人夢日入其懷以告太子太子曰此貴徵也未生而孝文帝崩孝景帝即位王夫人生男（索隱曰即武帝也漢武故事云帝以乙酉年七月七日生於猗蘭殿也）先是

臧兒又入其少女兒姁索隱曰姁音況羽反兒姁生四男索隱
曰謂廣川王越膠東王寄清河王舜常山王憲也景帝爲太子時薄太后
以薄氏女爲妃及景帝立立妃曰薄皇后皇后
毋子毋寵薄太后崩廢薄皇后景帝長男榮其
母栗姬栗姬齊人也立榮爲太子長公主嫖有
女欲予爲妃栗姬妬而景帝諸美人皆因長公
主見景帝得貴幸皆過栗姬索隱曰過音戈謂踰之栗姬
日怨怒謝長公主不許長公主欲予王夫人王
夫人許之長公主怒而日讒栗姬短於景帝曰
栗姬與諸貴夫人幸姬會常使侍者祝唾其背

挾邪媚道景帝以故望之索隱曰望猶責望謂恨之也景帝
嘗體不安心不樂屬諸子爲王者於栗姬曰百
歲後善視之栗姬怒不肯應言不遜景帝恚心
嗛之而未發也索隱曰嗛音銜漢書作銜銜猶恨也長公主日譽王
夫人男之美景帝亦賢之又有曩者所夢日符
計未有所定王夫人知帝望栗姬因怒未解陰
使人趣大臣立栗姬爲皇后大行奏事畢索隱曰大
行禮官行音衡曰子以母貴母以子貴索隱曰此皆公羊傳之文也今太
子毋號宜立爲皇后景帝怒曰是而所宜言
邪遂案誅大行而廢太子爲臨江王栗姬愈恚

恨不得見以憂死卒立王夫人爲皇后其男爲太子封皇后兄信爲蓋侯索隱曰地理志縣名屬太山景帝崩太子襲號爲皇帝尊皇太后母臧兒爲平原君正義曰德州縣也封田蚡爲武安侯索隱曰地理志縣名屬魏郡。正義曰括地志云武安故城在洛州武安縣西南七里六國時趙邑漢武安縣城也勝爲周陽侯索隱曰地理志縣名屬上郡。正義曰括地志云周陽故城在絳州聞喜縣東二十九里也景帝十三男一男爲帝十二男皆爲王而兒姁早卒其四子皆爲王王太后長女號曰平陽公主正義曰括地志云平陽故城即晉州城西面今平陽故城東面也城記云堯築也次爲南宮公主正義曰南宮冀州縣也次爲林慮公主索隱曰林慮縣名屬河內本名隆慮避殤帝諱改名林慮慮音閭。正義曰林慮相州縣也蓋侯信好酒田蚡勝貪巧於文辭王仲早死葬槐里追尊爲共侯置園邑二百家及平原君卒從田氏葬長陵置園比共侯園而王太后後孝景帝十六歲以元朔四年崩合葬陽陵正義曰括地志云陽陵在雍州咸陽縣東四十里王太后家凡三人爲侯

衞皇后字子夫生微矣蓋其家號曰衞氏正義曰衞青傳云父鄭季爲吏給事平陽侯家與侯妾衞媼通生青故冒衞氏出平陽侯邑徐廣曰平陽侯曹壽尚平陽公主子夫爲平陽主謳者武帝初即位數歲無子平陽主求諸良家子女十餘人飾置家武

帝祓 徐廣曰三月上巳臨水祓除謂之禊呂后本紀亦云三月祓還過軹道蓋與游字相似故或定之也 索隱曰小顔祓音廢今亦音拂謂祓禊之遊水自潔故云祓除也 霸上還因過平陽主主見所侍美人上弗說既飲謳者進上望見獨說衛子夫是日武帝起更衣子夫侍尚衣軒中得幸 正義曰尚主也於主衣車中得幸也 上還坐驩甚賜平陽主金千斤主因奏子夫奉送入宮子夫上車平陽主拊其背曰行矣彊飯勉之即貴無相忘入宮歲餘竟不復幸武帝擇宮人不中用者斥出歸之衛子夫得見涕泣請出上憐之復幸遂有身尊寵日隆召其兄衛長君弟青爲侍中而

子夫後大幸有寵凡生三女一男 索隱曰三女謂諸邑石邑及衛長公主後封爲當利公主也 男名據 索隱曰即戾太子 初上爲太子時娶長公主女爲妃立爲帝妃立爲皇后姓陳氏 索隱曰漢武故事云后名阿嬌即長公主嫖女也曾祖父嬰堂邑侯傳至午尚長公主生后也 無子上之得爲嗣大長公主有力焉 徐廣曰即景帝姊嫖也 以故陳皇后驕貴聞衛子夫大幸恚幾死者數矣上愈怒陳皇后挾婦人媚道其事頗覺於是廢陳皇后 索隱曰漢書云女子楚服等坐爲皇后呪詛大逆無道相連誅者三百餘人乃廢后居長門宮故司馬相如賦云陳皇后別在長門宮愁悶悲思奉黃金百斤爲相如取酒乃爲作頌以奏皇后復親幸作頌信工也復親幸之恐非實也 而立衛子夫爲皇后陳皇后母大長公主

景帝姊也數讓武帝姊平陽公主曰帝非我不得立已而棄捐吾女壹何不自喜而倍本乎平陽公主曰用無子故廢耳陳皇后求子與醫錢凡九千萬然竟無子衛子夫已立爲皇后先是衛長君死乃以衛青爲將軍擊胡有功封爲長平侯索隱曰地理志縣名屬汝南青三子在襁褓中皆封爲列侯及衛皇后所謂姊衛少兒少兒生子霍去病以軍功封冠軍侯索隱曰地理志冠軍屬河陽號驃騎將軍青號大將軍立衛皇后子據爲太子衛氏枝屬以軍功起家五人爲侯及衛后色衰趙之王夫人

幸有子爲齊王索隱曰名閎王夫人早卒而中山李夫人有寵有男一人爲昌邑王索隱曰名髆正義曰名賀李夫人早卒索隱曰李延年之女弟漢書云帝悼之李少翁致其形帝爲作賦其兄李延年以音幸號協律協律者故倡也兄弟皆坐姦族是時其長兄廣利爲貳師將軍伐大宛不及誅還而上既夷李氏後憐其家乃封爲海西侯正義曰漢武帝令李廣利征大宛死國近西海故號海西侯也他姬子二人爲燕王廣陵王索隱曰漢書云李姬生廣陵王胥燕王旦也其母無寵以憂死及李夫人卒則有尹婕妤之屬更有寵然皆以倡見非王侯有土之女士不

可以配人主也

褚先生曰〔正義曰疑此元成之間褚少孫續之也〕臣為郎時聞習漢家故事者鍾離生曰王大后在民間時所生子女者〔徐廣曰名俗。正義曰按後封修成君者〕父為金王孫王孫已死景帝崩後武帝已立王大后獨在而韓王孫名嫣素得幸武帝承閒白言大后有女在長陵也武帝曰何不早言乃使使往先視之在其家武帝乃自往迎取之蹕道先驅旄騎出橫城門〔如淳曰橫音光三輔黃圖云北面西頭門。正義曰括地志云渭橋本名橫橋架渭水上在淮州咸陽縣東南二十二里按此橋對門也〕乘輿馳至長陵當小市西入里里門閉暴

開門乘輿直入此里通至金氏門外止使武騎圍其宅為其亡走身自往取不得也即使左右羣臣入呼求之家人驚恐女亡匿內中牀下扶持出門令拜謁武帝下車泣曰嚄〔索隱曰烏百反蓋怯之辭耳。〕〔正義曰嚄責失聲驚愕貌也〕大姊何藏之深也詔副車載之迴車馳還而直入長樂宮行詔門著引籍〔正義曰武帝道上詔令通名狀於門使引入至太后所〕通到謁太后太后曰帝倦矣何從來帝曰今者至長陵得臣姊與俱來顧曰謁太后太后曰女某邪曰是也太后為下泣女亦伏地泣武帝奉酒前為壽奉錢千萬奴婢三

百人公田百頃甲第以賜姊太后謝曰爲帝費焉於是召平陽主南宮主林慮主三人俱來謁見姊因號曰脩成君有子男一人女一人男號爲脩成子仲（索隱曰金氏之甥修成君之子也而名仲者與大外祖王氏同字恐非也）女爲諸侯王王后（徐廣曰嫁爲淮南王安太子妃也）此二子非劉氏以故太后憐之脩成子仲驕恣陵折吏民皆患苦之

衛子夫立爲皇后后弟衛青字仲卿以大將軍封爲長平侯四子長子伉爲侯世子侯世子常侍中貴幸其三弟皆封爲侯各千三百戶一曰陰安侯（索隱曰名不疑地理志陰安縣名屬魏郡。正義曰括地志云陰安故城在魏州頓丘縣北六十里也）二曰發干侯（索隱曰名登地理志發干縣名屬東郡。正義曰括地志云發干故城在博州堂邑縣西南二十三里）三曰宜春侯（索隱曰名伉地理志宜春縣名屬汝南。正義曰括地志云宜春故城在豫州汝陽縣西六十七里）貴震天下天下歌之曰生男無喜生女無怒獨不見衛子夫霸天下是時平陽主寡居當用列侯尚主主與左右議長安中列侯可爲夫者皆言大將軍可主笑曰此出吾家常使令騎從我出入耳奈何用爲夫乎左右侍御者曰今大將軍姊爲皇后三子爲侯富貴振動天下主何以易之乎於是主乃許之言

之皇后令白之武帝乃詔衛將軍尚平陽公主焉

褚先生曰丈夫龍變傳曰蛇化爲龍不變其文家化爲國不變其姓丈夫當時富貴百惡滅除光耀榮華貧賤之時何足累之哉

武帝時幸夫人尹婕妤索隱曰韋昭云婕承好助也一云美好也聲類云幸也字亦從女漢舊儀云皇后爲婕好下輿禮比丞相邢夫人號娙娥索隱曰服虔云娙音近妍徐廣音五耕反鄒誕生音莖字林音五經反說文云娙長也好也許愼云秦晉之閒謂好爲娙又方言云美貌謂之娙娥漢舊儀云娙娥秩比將軍御史大夫衆人謂之娙何娙何秩比中二千石索隱曰崔浩云中猶滿也漢制九卿已上秩一歲滿二千斛又漢官儀云中二千石俸月百八十斛容華秩比二千石索隱曰二千石是郡守之秩漢官儀云其俸月百二十斛又有眞二千石者如淳云諸侯王相在郡守上秩眞二千石漢律眞二千石俸月二萬按是二萬斛則二萬斗亦是二千石也崔浩云列卿已上秩石皆正二千石則是眞二千石也其云中二千石亦不滿二千蓋千八九百耳此崔氏說今兼引而解之婕妤秩比列侯常從婕妤遷爲皇后尹夫人與邢夫人同時竝幸有詔不得相見尹夫人自請武帝願望見邢夫人帝許之即令他夫人飾從御者數十人爲邢夫人來前尹夫人前見之曰此非邢夫人身也帝曰何以言之對曰視其身貌形狀不足以當人主矣於是帝乃詔使邢夫人衣故衣獨身來前尹夫人望見之曰

此眞是也於是乃低頭俛而泣自痛其不如也諺曰美女入室惡女之仇褚先生曰浴不必江海要之去垢馬不必騏驥要之善走士不必賢世要之知道女不必貴種要之貞好傳曰女無美惡入室見妒士無賢不肖入朝見嫉美女者惡女之仇豈不然哉

鉤弋夫人姓趙氏河間人也索隱曰漢書云武帝過河間望氣者言此有奇女天子亟使使召之女兩手皆拳上自披之手即伸由是得幸號曰拳夫人後居鉤弋宮號曰鉤弋夫人列仙傳云發手得一玉鉤故號焉黃圖云鉤弋宮在城外漢武故事云宮在直門南廟記云宮有千門萬戶不可記其名也昭帝即位追尊太后父趙父爲順成矦。正義曰括地志云鉤弋宮在長安城中門名堯毋門也得幸武帝生子一人昭帝是也武帝年七十乃生昭帝昭帝立時年五歲耳徐廣曰武帝崩年七十昭帝年八歲耳。索隱曰此褚先生之記漢書云元始三年生昭帝又誤按元始當作太始也衞太子廢後未復立太子而燕王旦上書願歸國入宿衞武帝怒立斬其使者於北闕上居甘泉宮召畫工圖畫周公負成王也於是左右羣臣知武帝意欲立少子也後數日帝譴責鉤弋夫人夫人脫簪珥叩頭帝曰引持去送掖庭獄夫人還顧帝曰趣行女不得活夫人死雲陽宮索隱曰三輔故事云葬甘泉宮南後昭帝起雲陵邑三千戶漢武故事云既殯香聞十里上疑非常人發棺無尸衣履存焉。正義曰括地志云雲陽宮秦之甘泉宮在雍州雲陽縣西北八十里秦始皇作甘泉宮去長安三百里黃帝以來祭圜丘處也時暴風揚塵百姓感傷使者夜持棺往葬之正義曰括地志云雲陽陵漢鈎弋夫人陵也在雲陽縣西北五十八里孝武帝鈎弋趙婕妤昭帝之母齊人姓趙少好清靜六年臥病右手拳飲食少望氣者云東北有貴人推而得之召到姿色甚佳武帝持其手伸之得玉鈎後生昭帝武帝末年殺夫人殯之而尸香一日昭帝更葬之棺但存絲履也宮記云武帝思之為起通靈臺於甘泉常有一青鳥集臺上往來至宣帝時乃止封識其處其後帝閑居問左右曰人言云何左右對曰人言且立其子何去其母乎帝曰然是非兒曹愚人所知也往古國家所以亂也由主少母壯也女主獨居驕蹇淫亂自恣莫能禁也女不聞呂后邪故諸為武帝生子者無男女其母

無不譴死豈可謂非賢聖哉昭然遠見為後世計慮固非淺聞愚儒之所及也謚為武豈虛哉

索隱述贊曰禮貴夫婦易敘乾坤配陽成化比月居尊河洲降淑天曜垂軒德著任姒慶流娀媓建我炎曆斯道克存呂權大寶竇嘗善玄言自茲已降立嬖以恩內無常主後嗣不繁

外戚世家第十九　史記四十九

楚元王世家第二十　史記五十

楚元王劉交者 正義曰年表云都彭城 高祖之同母 徐廣曰一作父 索隱曰漢書作同父言同父以明異母也 少弟也字游高祖兄弟四人長兄伯伯蚤卒始高祖微時嘗辟事時時與賓客過巨嫂食 徐廣曰漢書云丘嫂也。索隱曰應劭云丘姓也孟康云丘空也兄亡空有嫂也今此作巨巨大也謂長嫂也劉氏云巨一作丘也 嫂厭叔叔與客來嫂詳爲羮盡櫟釜 索隱曰櫟音歷謂以杓櫟釜旁使爲聲漢書作轑音勞 賓客以故去已而視釜中尚有羮高祖由此怨其嫂及高祖爲帝封昆弟而伯子獨不得封太上皇以爲言高祖曰某非忘封之也爲其母不長者耳於是乃封其子信爲羮頡矦 徐廣曰羮頡矦以高祖七年封封十三年高后元年有罪削爵一級爲關内矦。索隱曰羮頡爵號非縣名以其櫟釜故也。正義曰括地志云羮頡山在嬀州懷戎縣東南十五里按高祖取其山名爲矦號者怨故也 而王次兄仲於代 徐廣曰次兄名喜字仲以六年立爲代王其年罷卒謚頃王有子曰濞 高祖六年已禽楚王韓信於陳乃以弟交爲楚王都彭城 索隱曰漢書云楚王王薛郡東海彭城三十六郡也 即位二十三年卒子夷王郢立 索隱曰漢書名郢客也 夷王四年卒子王戊立王戊立二十年冬坐爲薄太后服私姦削東海郡 索隱曰漢書云私姦服舍中姚察云姦於服舍非必宮中又按集註服虔云私姦中人蓋以罪重故至削郡也 春戊與吳王合謀反其相張尚太傅趙夷吾諫不聽戊則殺尚夷吾起兵與吳西攻梁破棘壁正義曰括地志云大棘故城在宋州寧陵縣西七十里州即梁棘壁至昌邑南正義曰括地志云有梁丘故城在曹州成武縣東北三十二里也與漢將周亞夫戰漢絶吳楚糧道士卒飢吳王走楚王戊自殺軍遂降漢漢已平吳楚孝景帝欲以德侯子續吳徐廣曰德侯名廣吳王濞之弟也其父曰仲以元王子禮續楚竇太后曰吳王老人也宜為宗室順善今乃首率七國紛亂天下奈何續其後不許吳許立楚後是時禮為漢宗正乃拜禮為楚王奉元王宗廟是為楚文王文王立三年卒子安王道立安王二十二年卒子襄王注立襄王立

十四年卒子王純代立王純立地節二年中人上書告楚王謀反王自殺國除入漢為彭城郡徐廣曰純立十七年卒謚節三子延壽立十九年死。索隱曰太史公唯記王純為國人告反國除蓋延壽後更封至十九年又謀反誅死故不同也。正義曰漢書云王純嗣十六年子延壽嗣與趙何齊謀反延壽自殺立三十二年國除與此不同地節是宣帝年號去天漢四年二十九年仍隔昭帝世言到地節二年以下者蓋褚先生誤也

趙王劉遂者正義曰年表云都邯鄲其父高祖中子名友謚曰幽幽王以憂死故為幽高后王呂祿於趙一歲而高后崩大臣誅諸呂呂祿等乃立幽王子遂為趙王孝文帝即位二年立遂弟辟彊索隱曰音壁彊又音關彊取趙之河間郡為河間王正義曰河間今瀛州也以為

文王立十三年卒子哀王福立一年卒無子絕後國除入于漢遂既王趙二十六年孝景帝時坐晁錯以適削趙王常山之郡吳楚反趙王遂與合謀起兵其相建德索隱曰建德其相名史先失姓也內史王悍諫不聽遂燒殺建德王悍發兵屯其西界欲待吳與俱西北使匈奴與連和攻漢漢使曲周侯酈寄擊之趙王遂還城守邯鄲相距七月吳楚敗於梁不能西匈奴聞之亦止不肯入漢邊欒布自破齊還乃并兵引水灌趙城趙城壞趙王自殺邯鄲遂降正義曰邯鄲洺州縣也趙幽王絕後

太史公曰國之將興必有禎祥君子用而小人退國之將亡賢人隱亂臣貴使楚王戊毋刑申公遵其言索隱曰漢書申公名培王戊胥靡之防與公也○索隱曰此及漢書雖不見趙不用防與公蓋當時猶知事迹或別有所見故太史公明引以結其贊趙任防與先生趙堯傳曰趙人豈有簒殺之謀為天下僇哉賢人乎賢人乎非質有其內惡能用之哉甚矣安危在出令存亡在所任誠哉是言也

索隱述贊曰漢封同姓楚有令名既滅韓信王失彭城穆生致醴韋孟作程王戊棄德與吳連兵太后命禮為楚罪輕文襄繼立世挺

才英如何趙遂代殞厥聲興亡之兆所任宜明

楚元王世家第二十　　史記五十

荊燕世家第二十一　史記五十一

荊王劉賈（正義曰年表云都吳也）諸劉者不知其何屬（漢書賈高帝從父兄。索隱曰註引漢書則班固或別有所見也）初起時漢王元年還定三秦劉賈為將軍定塞地（索隱曰即桃林之塞）從東擊項籍漢四年漢王之敗成皋北渡河得張耳韓信軍軍脩武深溝高壘使劉賈將二萬人騎數百渡白馬津入楚地（正義曰括地志云黎陽一名白馬津在滑州白馬縣北三十里按賈從此津南過入楚地也）燒其積聚以破其業無以給項王軍食而已楚兵擊劉賈賈輒壁不肯與戰而與彭越相保漢五年漢王追項籍至固陵（徐廣曰在陽夏正義曰括地志云固陵陵名在陳州宛丘縣西北四十二里）使劉賈南渡淮圍壽春（正義曰今壽州壽春縣是也）還至使人閒招楚大司馬周殷周殷反楚佐劉賈舉九江迎武王黥布兵皆會垓下共擊項籍漢王因使劉賈將九江兵與太尉盧綰西南擊臨江王共尉（索隱曰共敖之子）共尉已死以臨江為南郡（正義曰今荊州也）漢六年春會諸侯於陳（正義曰今陳州也）廢楚王信囚之分其地為二國當是時也高祖子幼昆弟少又不賢欲王同姓以鎮天下乃詔曰將軍劉賈有功及擇子弟可以為王者羣臣皆曰立劉賈為荊王王淮東五十二城索隱曰表云劉賈都吳又漢書以東陽郡封賈東陽即臨淮故云王淮東。正義曰括地志云西北四十里蓋此縣是也高祖弟交為楚王王淮西三十六城正義曰淮以西徐泗濠等州也因立子肥為齊王始王昆弟劉氏也高祖十一年秋淮南王黥布反東擊荊荊王賈與戰不勝走富陵索隱曰地理志縣名屬臨淮。正義曰括地志云富陵故城在楚州盱眙縣東北六十里為布軍所殺高祖自擊破布十二年立沛侯劉濞為吳王王故荊地

燕王劉澤者諸劉遠屬也漢書澤高祖從祖昆弟索隱曰楚漢春秋田子春說張卿云劉澤宗家也按言宗家似疏遠矣然則班固言從祖昆弟當別有所見高帝三年澤為郎中高帝十一年澤以將軍擊陳豨得王黃為營陵侯索隱曰地理志縣名在北海。正義曰括地志云營陵故城在青州北海縣南三十里高后時齊人田生晉灼曰楚漢春秋田子春游之資以畫干營陵侯澤服虔曰以計畫干之也文穎曰以工畫得寵也。索隱曰兩家之義並通澤大說之用金二百斤為田生壽田生已得金即歸齊二年澤使人謂田生曰弗與矣孟康曰與黨與言不復與我為與也文穎曰不得與汝相知田生如長安不見澤而假大宅令其子求事呂后所幸大謁者張子卿徐廣曰名澤騶案如淳曰閹人也居數月田生子請張卿臨親脩具張卿許往田生盛帷帳共具譬如列侯張卿驚酒酣乃屏人說張卿曰臣觀諸侯王邸第百餘皆高祖

一切功臣（索隱曰此一切猶一例同時也非如他一切訓權時也）今呂氏雅故
本推轂高帝就天下（如淳曰呂公知高祖相貴以女妻之推轂使爲長者　瓚曰謂諸
呂共推轂高祖征伐成帝業雅正意也。索隱曰雅訓素也謂呂氏素心奉推高祖取天下若人推轂欲前進塗然
也推音昌誰反）功至大又親戚太后之重太后春秋長
諸呂弱太后欲立呂產爲呂王王代太后又重
發之（文穎曰欲發之恐大臣不聽鄧展曰重難發事）恐大臣不聽今卿最
幸大臣所敬何不風大臣以聞太后太后必喜
諸呂已王萬戶侯亦卿之有（正義曰高后紀云封張卿爲建陵侯）太
后心欲之而卿爲内臣不急發恐禍及身矣張
卿大然之乃風大臣語太后太后朝因問大臣
大臣請立呂產爲呂王太后賜張卿千斤金張
卿以其半與田生田生弗受因說之曰呂產王
也諸大臣未大服今營陵侯澤諸劉爲大將軍
獨此尚觖望（索隱曰觖音決又音窺睡反）今卿言太后列十餘
縣王之彼得王喜去諸呂王益固矣張卿入言
太后然之乃以營陵侯劉澤爲琅邪王琅邪王
乃與田生之國田生勸澤急行毋留出關太后
果使人追止之已出即還及太后崩琅邪王澤
乃曰帝少諸呂用事劉氏孤弱乃引兵與齊王
合謀西（漢書音義曰澤至齊爲齊王所劫不得去乃說王求詣京師齊具車送之不爲本與齊合謀也）

索隱曰漢書齊王傳云使祝午結琅邪王至齊因留琅邪王不得反國澤乃說求入關齊乃送之與此文不同者劉氏以爲燕齊兩史各言其主立功之迹太史公聞疑遂各記之則所謂實錄欲誅諸呂至梁聞漢遣灌將軍屯滎陽澤還兵備西界遂跳驅至長安漢書音義曰跳驅馳至長安也○索隱曰跳他彫反脫獨去也又音條謂疾去也代王亦從代至諸將相與琅邪王共立代王爲天子天子乃徙澤爲燕王乃復以琅邪予齊復故地李奇曰本齊地分以王澤今復與齊也澤王燕二年薨謚爲敬王傳子嘉爲康王至孫定國與父康王姬姦生子男一人奪弟妻爲姬與子女三人姦定國有所欲誅殺臣肥如令郢人如淳曰定國自欲有所殺臣肥如令郢人以告之○索隱曰如淳意以肥如亦臣名令郢人以告定國也小顏以爲定國欲有所誅殺餘臣而肥如令郢人乃告定國也按地理志肥如在遼西郢人等告定國定國使謁者以他法劾捕格殺郢人以滅口至元朔元年郢人昆弟復上書具言定國陰事以此發覺詔下公卿皆議曰定國禽獸行亂人倫逆天當誅上許之定國自殺國除爲郡

太史公曰荊王王也由漢初定天下未集故劉賈雖屬疏然以策爲王塡江淮之間劉澤之王權激呂氏索隱曰謂田子春欲王劉澤先使張卿說封諸呂呂産乃恐以大臣觖望澤卒得王故爲權激也然劉澤卒南面稱孤者三世事發相重豈

不爲偉乎晉灼曰澤以金與田生以事張卿張卿言之呂后而劉澤得王故曰事發相重或曰事起於相重也。索隱曰謂先發呂氏令重而我亦得其功是事發相重也偉盛也蓋盛其能激發也

索隱述贊曰劉賈初從首定三秦既渡白馬遂圍壽春始迎黥布絶間周殷賞功胙土與楚爲鄰營陵始爵勳由擊陳田生遊說受賜千斤權激諸呂事發榮身徙封傳嗣云於郢人

荆燕世家第二十一　史記五十一

齊悼惠王世家第二十二　史記五十二

齊悼惠王 正義曰年表云都臨淄 劉肥者高祖長庶男也其母外婦也曰曹氏高祖六年立肥爲齊王食七十城諸民能齊言者皆予齊王 索隱曰謂其語音及名物異於楚魏一云此時人多流亡故使齊言者皆還齊王 齊王孝惠帝兄也孝惠帝二年齊王入朝惠帝與齊王燕飲亢禮如家人 索隱曰謂齊王是兄不爲君臣禮而乃自亢敵如家人行兄弟之禮故太后怒 呂太后怒且誅齊王齊王懼不得脫乃用其內史勳計獻城陽郡 正義曰括地志云濮州雷澤縣本漢城陽縣按後爲郡也 以爲魯元公主湯沐邑呂太后喜乃得辭就國悼惠王即位十三

年以惠帝六年卒子襄立是爲哀王哀王元年孝惠帝崩呂太后稱制天下事皆決於高后二年高后立其兄子酈侯 徐廣曰一作鄜○索隱曰二字皆音孚鄜縣名在馮翊酈縣在南陽○正義曰按音呈益反括地志云故酈城在鄧州新城縣西北四十里蓋此縣是也 呂台爲呂王 索隱曰音貽呂后兄子 割齊之濟南郡 正義曰括地志云濟南故城在淄州長山縣西北三十五里 爲呂王奉邑哀王三年其弟章入宿衛於漢呂太后封爲朱虛侯 索隱曰地理志縣名屬琅邪 以呂祿女妻之後四年封章弟興居爲東牟侯 索隱曰地理志縣名屬東萊 皆宿衛長安中哀王八年高后割齊琅邪郡 正義曰今沂州也 立營陵侯劉澤爲琅邪王其

明年趙王友入朝幽死于邸三趙王皆廢高后
立諸呂為三王[徐廣曰燕趙梁]擅權用事朱虛侯年二
十有氣力忿劉氏不得職嘗入侍高后燕飲高
后令朱虛侯劉章為酒吏章自請曰臣將種也
請得以軍法行酒高后曰可酒酣章進飲歌舞
已而曰請為太后言耕田歌高后兒子畜之笑
曰顧而父知田耳若生而為王子安知田乎[索隱曰顧
猶念也而及若皆訓汝]章曰臣知之太后曰試為我言田章
曰深耕穊種立苗欲疏非其種者鉏而去之呂
后默然頃之諸呂有一人醉亡酒章追拔劍斬

之而還報曰有亡酒一人臣謹行法斬之太后
左右皆大驚業已許其軍法無以罪也因罷自
是之後諸呂憚朱虛侯雖大臣皆依朱虛侯劉
氏為益彊其明年高后崩趙王呂祿為上將軍
呂王產為相國皆居長安中聚兵以威大臣欲
為亂朱虛侯章以呂祿女為婦知其謀乃使人
陰出告其兄齊王欲令發兵西朱虛侯東牟侯
為內應以誅諸呂因立齊王為帝齊王既聞此
計乃與其舅父駟鈞[索隱曰舅謂舅父猶姨稱姨母]郎中令祝午
中尉魏勃陰謀發兵齊相召平聞之[索隱曰廣陵人召平與東]

陵侯召平及此召平皆似別人也功臣表平子奴以父功封黎侯也乃發卒衞王宮魏
勃紿召平曰王欲發兵非有漢虎符驗也而相
君圍王固善勃請爲君將兵衞衞王召平信之
乃使魏勃將兵圍王宮勃既將兵使圍相府召
平曰嗟乎道家之言當斷不斷反受其亂乃是
也遂自殺於是齊王以駟鈞爲相魏勃爲將軍
祝午爲內史悉發國中兵使祝午東詐琅邪王
曰呂氏作亂齊王發兵欲西誅之齊王自以兒
子年少不習兵革之事願舉國委大王大王自
高帝將也習戰事齊王不敢離兵索隱曰服虔云不敢離其兵而到琅邪使臣請大王幸之臨菑見齊王計事并將
齊兵以西平關中之亂琅邪王信之以爲然西
馳見齊王齊王與魏勃等因留琅邪王而使祝
午盡發琅邪國而并將其兵琅邪王劉澤既見
欺不得反國乃說齊王曰齊悼惠王高皇帝長
子推本言之而大王高皇帝適長孫也當立今
諸大臣狐疑未有所定而澤於劉氏最爲長年大
臣固待澤決計今大王留臣無爲也不如使我
入關計事齊王以爲然乃益具車送琅邪王琅
邪王既行齊遂舉兵西攻呂國之濟南於是齊

哀王遺諸侯王書曰高帝平定天下王諸子弟悼惠王於齊悼惠王薨惠帝使留侯張良立臣爲齊王惠帝崩高后用事春秋高聽諸呂擅廢高帝所立又殺三趙王（正義曰隱王如意幽王友梁王恢徙燕趙並高祖子也）以王諸呂分齊滅梁燕趙（正義曰梁王恢燕王建梁王恢徙趙分滅無後也）國爲四（索隱曰謂濟南琅邪城陽并齊爲四也。正義曰琅邪郡封劉澤濟南郡以爲呂王奉邑城陽爲魯元公主湯沐邑也）忠臣進諫上惑亂不聽今高后崩皇帝春秋富（索隱曰小顏云年幼也比之於財方未匱竭故謂之富也）未能治天下固恃大臣諸將今諸呂又擅自尊官聚兵嚴威劫列侯忠臣矯制以令天下宗廟所以危今寡人率兵入誅不當爲王者漢聞齊發兵而西相國呂產乃遣大將軍灌嬰東擊之灌嬰至滎陽乃謀曰諸呂將兵居關中欲危劉氏而自立我今破齊還報是益呂氏資也乃留兵屯滎陽使使喻齊王及諸侯與連和以待呂氏之變而共誅之齊王聞之乃西取其故濟南郡亦屯兵於齊西界以待約呂祿呂產欲作亂關中朱虛侯與太尉勃丞相平等誅之朱虛侯首先斬呂產於是太尉勃等乃得盡誅諸呂而琅邪王亦從齊至長安大臣議欲立齊王而琅邪王及大臣曰齊王母家駟鈞惡戾虎而冠者也（張晏曰言鈞惡戾如虎而著冠）方以呂氏故幾亂天下今又立齊王是欲復爲呂氏也代王母家薄氏君子長者且代王又親高帝子於今見在且最爲長以子則順以善人則大臣安於是大臣乃謀迎立代王而遣朱虛侯以誅呂氏事告齊王令罷兵灌嬰在滎陽聞魏勃本教齊王反既誅呂氏罷齊兵使使召責問魏勃勃曰失火之家豈暇先言大人而後救火乎（索隱曰此蓋舊俗之言謂救火之急不暇先啓家長也亦猶國家有難不暇待詔命也）因退立股戰而栗恐不能言者終無他語灌將軍熟視笑曰人謂魏勃勇妄庸人耳（索隱曰妄庸言凡妄庸劣之人）何能爲乎乃罷魏勃（索隱曰罷謂不罪而放遣之）魏勃父以善鼓琴見秦皇帝及魏勃少時欲求見齊相曹參家貧無以自通乃常獨早夜掃齊相舍人門外相舍人怪之以爲物而伺之（索隱曰姚氏云物怪物）得勃勃曰願見相君無因故爲子掃欲以求見於是舍人見勃曹參因以爲舍人一爲參御言事參以爲賢言之齊悼惠王悼惠王召見則拜爲內史始悼惠王得自置二千石及悼惠王卒而哀王立勃用事重於齊相王既罷兵歸而代王來立

是爲孝文帝孝文帝元年盡以高后時所割齊之城陽琅邪濟南郡復與齊而徙琅邪王王燕益封朱虛侯東牟侯各二千戶是歲齊哀王卒太子側立是爲文王齊文王元年漢以齊之城陽郡立朱虛侯爲城陽王以齊濟北郡正義曰今濟州濟北王所都立東牟侯爲濟北王二年濟北王反漢誅殺之地入于漢後二年孝文帝盡封齊悼惠王子罷軍等七人正義曰罷音不皆爲列侯齊文王立十四年卒無子國除地入于漢後一歲孝文帝以所封悼惠王子分齊爲王齊孝王將閭以悼惠

王子楊虛侯爲齊王故齊別郡盡以王悼惠王子子志爲濟北王子辟光爲濟南王子賢爲菑川王子卬爲膠西王子雄渠爲膠東王與城陽齊凡七王索隱曰謂將閭爲齊王志爲濟北王卬膠西王辟光濟南王賢菑川王章城陽王雄渠爲膠東王齊孝王十一年吳王濞楚王戊反興兵西告諸侯曰將誅漢賊臣晁錯以安宗廟膠西膠東菑川濟南皆擅發兵應吳楚欲與齊齊孝王狐疑城守不聽三國兵共圍齊張晏曰膠西菑川濟南也齊王使路中大夫張晏曰姓路爲中大夫○索隱曰史失名故言姓及官顏氏按路氏譜中大夫名卬也卬五剛反告於天子天子復令路中大夫還告齊王

善堅守吾兵今破吳楚矣路中大夫至三國兵
圍臨菑數重無從入三國將劫與路中大夫盟
曰若反言漢已破矣齊趣下三國不且見屠路
中大夫既許之至城下望見齊王曰漢已發兵
百萬使太尉周亞夫擊破吳楚方引兵救齊齊
必堅守無下三國將誅路中大夫齊初圍急陰
與三國通謀約未定會聞路中大夫從漢來喜
及其大臣乃復勸王毋下三國居無何漢將欒
布平陽侯等兵至齊索隱曰平陽侯按表是簡侯曹奇擊破三國
兵解齊圍已而復聞齊初與三國有謀將欲移
兵伐齊齊孝王懼乃飲藥自殺景帝聞之以爲
齊首善以迫劫有謀非其罪也乃立孝王太子
壽爲齊王是爲懿王續齊後而膠西膠東濟南
菑川王咸誅滅地入于漢徙濟北王王菑川齊
懿王立二十二年卒子次景立是爲厲王齊厲
王其母曰紀太后太后取其弟紀氏女爲厲王
后王不愛紀氏女太后欲其家重寵索隱曰重直龍反謂欲世寵貴於王宮
令其長女紀翁主入王宮索隱曰如淳云諸王女云翁主稱其母姓故謂之紀翁主正其後宮毋令得近王欲令愛紀氏女
王因與其姊翁主姦齊有宦者徐甲入事漢皇

太后索隱曰謂王太后武帝母也皇太后有愛女曰脩成君脩
成君非劉氏張晏曰王太后前嫁金氏所生太后憐之脩成君有
女名娥太后欲嫁之於諸侯宦者甲乃請使齊
必令王上書請娥皇太后喜使甲之齊是時齊
人主父偃知甲之使齊以取后事亦因謂甲即
事成幸言偃女願得充王後宮甲既至齊風以
此事紀太后大怒曰王有后後宮具備且甲齊
貧人急徐廣曰一作及乃爲宦者入事漢無補益乃欲
亂吾王家且主父偃何爲者乃欲以女充後宮
徐甲大窮還報皇太后曰王已願尚娥然有一

害恐如燕王燕王者與其子昆弟姦新坐以死
亡國故以燕感太后太后曰無復言嫁女齊事
事浸潯不得聞於天子主父偃由此亦與齊有
郤主父偃方幸於天子用事因言齊臨菑十萬
戶市租千金索隱曰市租謂所賣之物出租日得千金言齊人衆而且富也人衆殷
富巨於長安此非天子親弟愛子不得王此今
齊王於親屬益疏乃從容言呂太后時齊欲反
吳楚時孝王幾爲亂今聞齊王與其姊亂於是
天子乃拜主父偃爲齊相且正其事主父偃既
至齊乃急治王後宮宦者爲王通於姊翁主所

者令其辭證皆引王王年少懼大罪爲吏所執誅乃飲藥自殺絕無後是時趙王懼主父偃一出發齊恐其漸疏骨肉乃上書言偃受金及輕重之短索隱曰謂偃挾齊不娶女之恨因言齊之短爲輕重之辭蓋言臨菑富及吳楚孝王時事是也天子亦既囚偃公孫弘言齊王以憂死毋後國入漢非誅偃無以塞天下之望遂誅偃齊厲王立五年死毋後國入于漢齊悼惠王後尚有二國城陽及菑川菑川地比齊天子憐齊爲悼惠王冢園在郡割臨菑東環悼惠王冢園邑盡以予菑川以奉悼惠王祭祀城陽景王章正義曰年表云都莒也齊悼惠王子以朱虛侯與大臣共誅諸呂而章身首先斬相國呂王產於未央宮孝文帝既立益封章二千戶賜金千斤孝文二年以齊之城陽郡立章爲城陽王立二年卒子喜立是爲共王共王八年徙王淮南索隱曰當孝文帝之十二年也○正義曰年表云都陳也四年復還王城陽凡三十三年卒子建延立是爲頃王頃王二十八年卒子義立是爲敬王敬王九年卒子武立是爲惠王惠王十一年卒子順立是爲荒王荒王四十六年卒子恢立徐廣曰甘露二年是爲戴王戴王八年卒子景立至建

始三年正義曰建始成帝年號從建始四年上至天漢四年六十七矣蓋褚先生次之十五歲卒濟北王興居正義曰都濟州也齊悼惠王子以東牟侯助大臣誅諸呂功少及文帝從代來興居曰請與太僕嬰入清宮廢少帝共與大臣尊立孝文帝孝文帝二年以齊之濟北郡立興居爲濟北王與城陽王俱立立二年反始大臣誅呂氏時朱虛侯功尤大許盡以趙地王朱虛侯盡以梁地王東牟侯及孝文帝立聞朱虛東牟之初欲立齊王故絀其功及二年王諸子乃割齊二郡以王章興居章興居自以失職奪功章死而興居聞匈奴大入漢漢多發兵使丞相灌嬰擊之文帝親幸太原以爲天子自擊胡遂發兵反於濟北天子聞之罷丞相及行兵皆歸長安使棘蒲侯柴將軍張晏曰柴武擊破虜濟北王王自殺地入于漢爲郡後十二年文帝十六年復以齊悼惠王子安都侯正義曰安都故城在瀛州高陽縣西南二十九里志爲濟北王索隱曰地理志安都闕十一年吳楚反時志堅守不與諸侯合謀吳楚已平徙志王菑川濟南王辟光正義曰辟音璧都濟南郡齊悼惠王子以勒侯索隱曰勒漢書作扐皆音力地理志縣名屬平原也孝文十六年爲濟南王十一年與吳兵

楚反漢擊破殺辟光以濟南爲郡地入于漢菑川王賢正義曰年表云淄川王都劇故城在青州壽光縣西三十一里齊悼惠王子以武城侯索隱曰按地理志縣名屬平原也。正義曰貝州縣文帝十六年爲菑川王十一年與吳楚反漢擊破殺賢天子因徙濟北王志王菑川志以齊悼惠王子以安都侯王濟北菑川王王反毋後乃徙濟北王王菑川凡立三十五年卒謚爲懿王子建代立是爲靖王二十年卒子遺代立是爲頃王三十六年卒子終古立是爲思王二十八年卒子尚立是爲孝王五年卒子橫立至王建始正義曰亦褚少孫次之三年

十一歲卒膠西王卬正義曰卬五郎反年表云都高苑括地志云西苑故城在淄州長川縣北四里齊悼惠王子以昌平侯正義曰括地志云昌平故城在幽州東南六十里也文帝十六年爲膠西王十一年與吳楚反漢擊破殺卬地入于漢爲膠西郡膠東王雄渠正義曰年表云都即墨按即墨故城在萊州膠東縣南六十里齊悼惠王子以白石侯索隱曰地理志縣名屬金城。正義曰白石古城在德州安德縣北二十里文帝十六年爲膠東王十一年與吳楚反漢擊破殺雄渠地入于漢爲膠東郡

太史公曰諸侯大國無過齊悼惠王以海內初定子弟少激秦之無尺土封故大封同姓以填

萬民之心及後分裂固其理也

索隱述贊曰漢矯秦制樹屏自彊表海大國悉封齊王呂后肆怒乃獻城陽哀王嗣立其力不量朱虛仕漢功大策長東牟受賞稱亂貽殃膠東濟北雄渠辟光齊雖七國忠孝者昌

齊悼惠王世家第二十二　史記五十二

齊悼惠王劉肥

蕭相國世家第二十三　史記五十三

蕭相國何者沛豐人也索隱曰春秋緯蕭何感昴精而生典獄制律以文
無害漢書音義曰文無害有文無所枉害也律有無害都吏如今言公平吏一曰無害者如言無比陳留
間語也。索隱曰裴註已列數家今更引二說應劭云雖爲吏而不刻害韋昭云爲有文理無傷害也爲沛
主吏掾索隱曰漢書云何爲主吏主吏功曹也又云何爲沛掾掾是何爲功曹掾高祖爲
布衣時何數以吏事護高祖索隱曰說文云護救視也高祖
爲亭長常左右之高祖以吏繇咸陽吏皆送奉
錢三何獨以五李奇曰或三百或五百也。索隱曰奉音扶用反謂資俸之如字讀謂奉送之也劉氏云時錢有重者一當百故有送錢三者秦御史監郡者與從事常
辨之張晏曰何與共事脩辨明何素有方略也蘇林曰辟何與從事也秦時無刺史以御史監郡。索隱

曰何與御史從事常辨明言稱職也何乃給泗水卒史徐廣曰沛縣有泗水亭又秦以
沛爲泗水郡駰按文穎曰何爲泗水郡卒史。索隱曰如淳按律郡卒史書佐各十人也卒祖忽反事第
一索隱曰謂課最居第一秦御史欲入言徵何何固請得毋
行及高祖起爲沛公何常爲丞督事索隱曰謂高祖起沛令何爲丞常監督衆事也沛公至咸陽諸將皆爭走金帛財物
之府分之索隱曰走音奏奏者趨向之也何獨先入收秦丞相御
史律令圖書藏之沛公爲漢王以何爲丞相項
王與諸侯屠燒咸陽而去漢王所以具知天下
阸塞戶口多少彊弱之處民所疾苦者以何具
得秦圖書也何進言韓信漢王以信爲大將軍

語在淮陰侯事中漢王引兵東定三秦何以丞
相留收巴蜀塡撫諭告使給軍食漢二年漢王
與諸侯擊楚何守關中侍太子治櫟陽爲法令
約束立宗廟社稷宮室縣邑輒奏上可許以從
事即不及奏上輒以便宜施行上來以聞應劭曰上來還
乃以所爲聞之關中事計戶口轉漕給軍索隱曰轉劉氏音張戀反漕水
運也漢王數失軍遁去何常興關中卒輒補缺上
以此專屬任何關中事漢三年漢王與項羽相
距京索之閒上數使使勞苦丞相鮑生謂丞相
曰王暴衣露蓋數使使勞苦君者有疑君心也

爲君計莫若遣君子孫昆弟能勝兵者悉詣軍
所上必益信君於是何從其計漢王大說漢五
年既殺項羽定天下論功行封羣臣爭功歲餘
功不決高祖以蕭何功最盛封爲酇侯文穎曰音贊瓚
曰今南陽酇縣也孫檢曰有二縣音字多亂其屬沛郡者音嵯屬南陽者音讚按茂陵書蕭何國在南陽宜呼讚今
多呼嵯嵯舊字作鄌今皆作酇所由亂也。索隱曰瓚云今南陽酇縣顧氏云南陽郡名也太康地理志云魏武帝
建安中分南陽立南鄉郡晉武帝改曰順陽郡是也所食邑多功臣皆曰臣
等身被堅執銳多者百餘戰少者數十合攻城
略地大小各有差今蕭何未嘗有汗馬之勞徒
持文墨議論不戰顧反居臣等上何也高帝曰

諸君知獵乎曰知之知獵狗乎曰知之高帝曰夫獵追殺獸兎者狗也而發蹤指示獸處者人也今諸君徒能得走獸耳功狗也至如蕭何發蹤指示功人也且諸君獨以身隨我多者兩三人今蕭何舉宗數十人皆隨我功不可忘也羣臣皆莫敢言列侯畢已受封及奏位次皆曰平陽侯曹參身被七十創攻城略地功最多宜第一上已橈功臣多封蕭何應劭曰橈屈也。索隱曰音女教反至位次未有以復難之然心欲何第一關內侯鄂君進曰索隱曰功臣表鄂千秋封安平侯羣臣議皆誤夫曹參雖有野

戰略地之功此特一時之事夫上與楚相距五歲常失軍亡衆逃身遁者數矣然蕭何常從關中遣軍補其處非上所詔令召而數萬衆會上之乏絕者數矣夫漢與楚相守滎陽數年軍無見糧蕭何轉漕關中給食不乏陛下雖數亡山東蕭何常全關中以待陛下此萬世之功也今雖亡曹參等百數何缺於漢漢得之不必待以全奈何欲以一旦之功而加萬世之功哉蕭何第一曹參次之高祖曰善於是乃令蕭何賜帶劍履上殿入朝不趨上曰吾聞進賢受上賞蕭何

功雖高得鄂君乃益明於是因鄂君故所食關內侯邑封為安平侯徐廣曰以謁者從定諸侯有功秩舉蕭何功故因侯二千戶封九年卒至玄孫但坐與淮南王安通棄市國除正義曰括地志云澤州安平縣本漢安平縣是日悉封何父子兄弟十餘人皆有食邑乃益封何二千戶以帝嘗繇咸陽時何送我獨贏奉錢二也索隱曰謂人皆三何獨五所以為贏二也音盈漢十一年陳豨反高祖自將至邯鄲未罷淮陰侯謀反關中呂后用蕭何計誅淮陰侯語在淮陰事中上已聞淮陰侯誅使使拜丞相何為相國益封五千戶令卒五百人一都尉為相國衛諸君皆賀召平獨弔召平者

故秦東陵侯秦破為布衣貧種瓜於長安城東瓜美故世俗謂之東陵瓜從召平以為名也召平謂相國曰禍自此始矣上暴露於外而君守於中非被矢石之事而益君封置衛者以今者淮陰侯新反於中疑君心矣夫置衛衛君非以寵君也願君讓封勿受悉以家私財佐軍則上心說相國從其計高帝乃大喜漢十二年秋黥布反上自將擊之數使使問相國何為相國為上在軍乃拊循勉力百姓悉以所有佐軍如陳豨時客有說相國曰君滅族不久矣夫君位為

相國功第一可復加哉然君初入關中得百姓心十餘年矣皆附君常復孳孳得民和上所爲數問君者畏君傾動關中今君胡不多買田地賤貰貸（正義曰貰音世又食夜反賒也下天得反）以自汙上心乃安於是相國從其計上乃大說上罷布軍歸民道遮行上書言相國賤彊買民田宅數千萬上至相國謁上笑曰夫相國乃利民（索隱曰謂相國取人田宅以爲已利故云乃利人也所以令相國自謝之）民所上書皆以與相國曰君自謝民相國因爲民請曰長安地狹上林中多空地棄願令民得入田毋收稾爲禽獸食（索隱曰苗子還種田人留稾入宮）上大怒曰相國多受賈人財物乃爲請吾苑乃下相國廷尉械繫之數日王衛尉侍（如淳曰百官公卿表衛尉王氏無名字）前問曰相國何大罪陛下繫之暴也上曰吾聞李斯相秦皇帝有善歸主有惡自與今相國多受賈豎金而爲民請吾苑以自媚於民故繫治之王衛尉曰夫職事苟有便於民而請之眞宰相事陛下柰何乃疑相國受賈人錢乎且陛下距楚數歲陳豨黥布反陛下自將而往當是時相國守關中摇足則關以西非陛下有也相國不以此時爲利今乃利賈人之金乎且秦

以不聞其過亡天下李斯之分過〔索隱曰李斯歸惡而自予是分過也〕又何足法哉陛下何疑宰相之淺也〔韋昭曰用意淺〕高帝不懌是日使使持節赦出相國相國年老素恭謹入徒跣謝高帝曰相國休矣相國為民請苑吾不許我不過為桀紂主而相國為賢相吾故繫相國欲令百姓聞吾過也何素不與曹參相能及何病孝惠自臨視相國病因問曰君即百歲後誰可代君者對曰知臣莫如主孝惠曰曹參何如何頓首曰帝得之矣臣死不恨矣何置田宅必居窮處為家不治垣屋曰後世賢師吾儉

不賢毋為勢家所奪孝惠二年相國何卒〔東觀漢記云蕭何墓在長陵東司馬門道北百步。正義曰括地志云蕭何墓在雍州咸陽縣東北三十七里〕諡為文終侯〔徐廣曰功臣表蕭何以客初起從也〕後嗣以罪失侯者四世絕天子輒復求何後封續酇侯功臣莫得比焉

太史公曰蕭相國何於秦時為刀筆吏錄錄未有奇節〔索隱曰錄音祿〕及漢興依日月之末光何謹守管籥因民之疾秦法順流與之更始淮陰黥布等皆以誅滅而何之勳爛焉位冠羣臣聲施後世與閎夭散宜生等爭烈矣

索隱述贊曰蕭何為吏文而無害及佐興王